Das Schuldenwesen der Gemeinden

nach dem

Preußischen Gesetz über die Aufnahme von Anleihen und Darlehen sowie die Übernahme von Bürgschaften und Verpflichtungen aus Gewährverträgen und von anderen Sicherheiten durch Gemeinden und Gemeindeverbände. Vom 29. Mai 1931.

Von

Dr. Wilhelm Beutner

Rechtsanwalt und Notar in Berlin

1931

Verlag H. W. Müller

Berlin und München

Druck Dr. F. P. Datterer & Cie., Freising-München.

Inhaltsverzeichnis.

Anhang.

Literatur.

Korn, Kommunalkredit, Berlin, 1926.

— Zu welchen Geldaufnahmen bedürfen die Preußischen Kommunen der Genehmigung einer höheren Instanz? Bank-Archiv Bd. 28 S. 254.

— Neuregelung der kommunalen Anleihen. Bank-Archiv Bd. 29 S. 270ff.

Neumann, Neuordnung des öffentlichen Kredits. Bank-Archiv Bd. 30 S. 139ff.

Ott, Münchener volkswirtschaftliche Studien. Heft 7.

Die Beratungsstelle für Auslandskredite bei dem Reichsfinanzministerium in Münchener volkswirtschaftliche Studien. Heft 7.

Bleicher, im Handbuch der Finanzwissenschaften und im Wörterbuch der Kommunalwissenschaften.

Neumark, Der Reichshaushaltsplan, Jena 1929.

Fürstenberg, Die Neuregelung der Beratungsstelle. Bank-Archiv Bd. 29 S. 399ff.

Frahm, Die kurzfristige Verschuldung der Gemeinden. Bank-Archiv Bd. 29 S. 211.

Hippel, Der fehlerhafte Staatsakt.

Denkschrift über das Arbeitsgebiet und die Tätigkeit der Beratungsstelle.

v. Hippel-Kord-Ruwisch, Die öffentlich-rechtlichen Kreditinstitute, 1927.

Zschintzsch, Schuldenwesen der Gemeinden, Vortrag gehalten auf der von der Kommunalabteilung des Preußischen Ministeriums des Innern veranstalteten Tagung der Kommunaldezernenten, Berlin, 1931.

— Kommunalkredit, Kommentar, Carl Heymanns Verlag 1931.

I. Rechtsquellen.

Zwischen der Reichsregierung und den Regierungen der Länder sind unter dem 3. Dezember 1930 „Richtlinien für das Schuldenwesen der Gemeinden" (nachstehend als „neue Richtlinien" bezeichnet) vereinbart worden, die eine Neuregelung des kommunalen Kreditwesens darstellen. Die bereits im Jahre 1924 zwischen dem Reich und den Ländern vereinbarten Richtlinien über die Aufnahme von Auslands-Krediten durch Länder, Gemeinden und Gemeindeverbände (nachstehend als „alte Richtlinien" bezeichnet) werden in ihrer letzten Fassung vom 21. Oktober 1927 durch Abschnitt C der neuen Richtlinien mit gewissen Änderungen aufrecht erhalten.

Preußen hat durch das „Gesetz über die Aufnahme von Anleihen und Darlehen sowie die Übernahme von Bürgschaften und Verpflichtungen aus Gewährverträgen und von anderen Sicherheiten durch Gemeinden und Gemeindeverbände" vom 29. Mai 1931 (GS. S. 79) die Durchführung der Richtlinien sichergestellt. Das Gesetz ist mit dem Tage seiner Verkündung, am 3. Juni 1931 in Kraft getreten und bis zum 31. März 1933 befristet. Dies entspricht der für die neuen Richtlinien in Aussicht genommenen Zeitdauer. Für den Fall der Verlängerung der Richtlinien ist mit einer Verlängerung des Gesetzes zu rechnen. Das preußische Gesetz vom 9. Juli 1925 betr. ausländischen Kommunalkredit (GS. S. 89) zur Durchführung der alten Richtlinien ist aufgehoben worden.

Zu den neuen Richtlinien ist ein Runderlaß des preußischen Finanzministers und des preußischen Ministers des Innern vom 5. Februar 1931 (hier abgedruckt S. 62) und zu dem Preußischen Gesetz vom 29. Mai 1931 eine Ausführungsanweisung (Runderlaß des M. d. J. und des F. M. vom 17. Juni 1931, hier abgedruckt Seite 73, nachstehend Ausführungsanweisung genannt) ergangen.

Die Richtlinien sind weder durch ein Reichsgesetz noch durch eine Reichsverordnung mit Gesetzeskraft erlassen worden; sie haben daher keine reichsgesetzliche Kraft, stellen vielmehr nur eine vertragliche Vereinbarung zwischen der Reichsregierung und den Länderregierungen dar. Die Bedingungen, die in den alten Richtlinien und den

Nachtrag

zu

Beutner, Schuldenwesen der Gemeinden.

Inhalt:

Aus „Dritte Verordnung des Reichspräsidenten zur Sicherung von Wirtschaft und Finanzen usw. Vom 6. Oktober 1931."

In der „Dritten Verordnung des Reichspräsidenten zur Sicherung von Wirtschaft und Finanzen und zur Bekämpfung politischer Ausschreitungen vom 6. Oktober 1931" (RGBl. I S. 537ff.) hat die Reichsregierung unter dem Titel „Haushalts- und Schuldenwesen" reichsrechtliche Vorschriften über die Aufnahme von Anleihen und Darlehen durch Gemeinden (Kapitel I) und über die Umschuldung kurzfristiger Schulden von Ländern und Gemeinden (Kapitel II) erlassen.

A. Zu den Vorschriften betr. die Aufnahme von Anleihen und Darlehen von Gemeinden (Kapitel I), wozu der Seite 9 abgedruckte preußische Runderlaß des Ministers des Innern und des Finanzministers vom 29. Oktober 1931 ergangen ist, wird folgendes bemerkt:

Wie Samml. S. 7 bemerkt, sind die Richtlinien zunächst weder durch Gesetz noch durch Verordnung von Reichs wegen mit Gesetzeskraft erlassen worden und haben daher zunächst keine reichsgesetzliche Kraft gehabt; sie stellten vielmehr nur eine vertragliche Vereinbarung zwischen der Reichsregierung und den Länderregierungen und zwischen den letzteren dar. In Preußen sind die Richtlinien, soweit sie die Kreditgeschäfte von Gemeinden und Gemeindeverbänden behandeln, durch das Gesetz vom 29. Mai 1931 (Samml. S. 71) in Kraft gesetzt worden. Nunmehr hat die Reichsregierung im Dritten Teil, Kapitel I, der VO. vom 6. Oktober 1931 die Richtlinien in dem Umfang der Verordnung reichsgesetzlich verankert. Hierbei ist die Reichsregierung dem Wortlaut des preußischen Gesetzes vom 29. Mai 1931 bis auf geringe Ausnahmen gefolgt. Deshalb sind die der Samml. vorausgeschickten Erläuterungen nach wie vor zutreffend, wobei nur zu beachten ist, daß die Regelung nunmehr auf Reichsrecht und nicht auf Landesrecht beruht. Es bedarf lediglich folgender Hinweise:

1. Die Verordnung des Reichspräsidenten betrifft nur Gemeinden und Gemeindeverbände. Es ist also dabei geblieben, daß die Richtlinien hinsichtlich der Kreditgeschäfte der Länder nur vertragliche Vereinbarungen zwischen der Reichsregierung und den Länderregierungen darstellen. Verstöße gegen die Richtlinien in dieser Beziehung würden zwar die vertraglichen Vereinbarungen verletzen und die anderen Vertragsparteien zur Aufkündigung der Vereinbarung berechtigen (vgl. Art. 15 Abs. 2 der Richtlinien S. 57 der Samml.). Die Kreditgeschäfte der Länder sind aber auch in Zukunft ohne Rücksicht darauf, ob sie mit den Richtlinien im Einklang stehen oder nicht, rechtswirksam.

2. Nach der Verordnung des Reichspräsidenten soll die Genehmigung durch die Landesregierung oder die von ihr beauftragten Behörden erfolgen (§ 1 Abs. 1). Danach hat es bei der in § 1 des preußischen Gesetzes vom 29. Mai 1931 erfolgten Bestimmung der zuständigen Behörde sein Bewenden (vgl. Samml. S. 24ff. und Runderlaß vom 29. Oktober 1931).

3. § 5 der Verordnung des Reichspräsidenten bestimmt, daß die Richtlinien für die von der Landesregierung mit Erteilung der Genehmigung beauftragten Behörden verbindlich sind. Durch diese Bestimmung ist eine Sicherheit geschaffen, daß die Grundsätze der Richtlinien vollinhaltlich bei Erteilung der Genehmigung zur Anwendung kommen. Jedoch ist zu beachten, daß eine Genehmigung, die etwa in Widerspruch zu dem Inhalt der Richtlinien ergehen sollte, trotzdem voll wirksam ist, falls nicht die zuständigen Staatsbehörden von der Möglichkeit einer Anfechtungsklage bei dem OVG. Gebrauch machen (vgl. Sammlung S. 25). Für Preußen ändert sich der Rechtszustand aber nicht, da § 3 des preußischen Gesetzes vom 29. Mai 1931 eine entsprechende Bestimmung für die Genehmigungsbehörden enthält. Lediglich für den Fall einer späteren Abänderung der Richtlinien bringt die Notverordnung eine Änderung. Das Preußische Gesetz vom 29. Mai 1931 hat die Verbindlichkeit für die Beschlußbehörden auf die Richtlinien vom 3. Dezember 1930 und vom 21. Oktober 1927 beschränkt. Die Notverordnung vom 6. Oktober 1931 hat dagegen die Verbindlichkeit ohne Anführung

von Daten der Richtlinien verordnet. Daraus folgt, daß nunmehr diese Richtlinien für die Geltungsdauer der Notverordnung in ihrem jeweiligen Bestande, also auch im Falle ihrer Änderung, bindend sind. (Runderlaß vom 29. Oktober 1931, c.)

4. Mit Rücksicht darauf, daß die kurzfristigen Schulden auch der öffentlich-rechtlichen Körperschaften zu erheblichen Störungen geführt haben, ist der Begriff des Kassenkredites (Samml. S. 18 unter f, 1) noch weiter eingeschränkt worden. Selbst wenn die übrigen Merkmale eines Kassenkredites vorliegen — nämlich die Aufnahme von vorübergehenden aus ordentlichen Einnahmen des laufenden Rechnungsjahres oder sonst innerhalb von 9 Monaten aus ordentlichen Einnahmen zu deckenden Krediten —, ist in Zukunft Genehmigungsfreiheit nur dann gegeben, wenn die Kassenkredite nicht jeweils insgesamt mehr als ein Viertel des haushaltsmäßigen ordentlichen Einnahmesolls des Rechnungsjahres betragen. Damit ist das Gesamtvolumen der zulässigen Kassenkredite für jede Gemeinde beschränkt und daher ein weiterer Riegel gegen die unrechtmäßige Inanspruchnahme genehmigungsfreier Kredite als Kassenkredite vorgeschoben.

5. Das preußische Gesetz vom 29. Mai 1931 hat in § 1 Abs. 2 unter b auch die „im Rahmen der laufenden Verwaltung abzuschließenden, ihrer Natur nach regelmäßig wiederkehrenden Geschäfte" für genehmigungsfrei erklärt. Diese Fassung entspricht Abschnitt IV Abs. 2 der Richtlinien (Samml. S. 54). Hierzu wird auf die Ausführungen Samml. S. 20 verwiesen. In § 2 Ziff. 2 der VO. vom 6. Oktober 1931 ist der Wortlaut ein etwas anderer, indem dort der „Abschluß regelmäßig wiederkehrender Geschäfte im Rahmen der laufenden Verwaltung" für genehmigungsfrei erklärt worden ist. Sofern in dem veränderten Wortlaut eine Änderung des Inhalts zu erblicken wäre, könnte sie infolge des Fortfalls der Worte „ihrer Natur nach" nur in einer Klarstellung liegen, daß es sich lediglich um solche Geschäfte handeln kann, die gerade in der betreffenden Verwaltung wiederholt vorkommen. Dieser Standpunkt ist bereits in Samml. S. 21 vertreten worden.

6. § 3 der VO. vom 6. Oktober 1931, der die Umgehungsgeschäfte behandelt (Samml. S. 16ff.), weicht insofern von dem entsprechenden § 1 Abs. 3 des preußischen Gesetzes vom 29. Mai 1931 ab, als in dem letzteren lediglich der Grundsatz aufgestellt war, daß auch solche

Rechtsgeschäfte der Genehmigung unterliegen, mit denen durch Mißbrauch von Formen und Gestaltungsmöglichkeiten des Rechts die Genehmigung umgangen werden soll, dagegen infolge der Beschlüsse des preußischen Landtages die in den Richtlinien Art. IV Abs. 3 (Samml. S. 54) angegebenen Beispiele fortgelassen worden sind. In § 3 der VO. vom 6. Oktober 1931 ist der volle Wortlaut des Art. IV Abs. 3 durch Anfügung der im preußischen Gesetz vom 29. Mai 1931 fortgelassenen Beispiele wieder hergestellt worden. Inhaltlich ist hierin eine Änderung nicht zu sehen. Wie in der Samml. S. 17 ausgeführt ist, bedeutete die Fortlassung im preußischen Gesetz vom 29. Mai 1931 nicht, daß die in den Richtlinien beispielsweise angeführten Geschäfte nicht genehmigungspflichtig sein sollten. Immerhin ist dies nunmehr reichsrechtlich klargestellt worden.

7. § 4 der VO. betreffend die für den öffentlichen Markt bestimmten Anleihen der kommunalen Giroverbände und der kommunalen Kreditinstitute übernimmt in vereinfachter Fassung inhaltlich aber unverändert die Vorschrift des § 2 des preußischen Gesetzes vom 29. Mai 1931 (vgl. hierzu die Erläuterungen S. 22ff.).

8. Nach § 6 der VO. vom 6. Oktober 1931 bleiben weitergehende Vorschriften des Landesrechts unberührt. In Preußen bestehen solche Vorschriften nicht, da, wie ausgeführt, die VO. vom 6. Oktober 1931 sich an das preußische Gesetz vom 29. Mai 1931 fast wörtlich anlehnt.

9. Auf den im Bankarchiv XXXI. Jahrgang, Nr. 2, erschienenen Aufsatz von Amtsgerichtsrat Dr. Golzen „Verpflichtungserklärung der Gemeinden und Gemeindeverbände nach der Notverordnung vom 6. Oktober 1931", wird verwiesen.

Im Zusammenhang mit der in diesem Aufsatz zutreffenderweise gemachten Feststellung, daß die Zustimmung des Bürgen zur Prolongation der Hauptschuld genehmigungspflichtig sei, wird darauf hingewiesen, daß im Falle einer Bürgschaft einer Gemeinde oder eines Gemeindeverbandes für eine Verpflichtung, die unter das Stillhalteabkommen fällt, die Bürgschaft kraft Gesetzes verlängert ist. (2. Durchführungsverordnung zum Stillhalteabkommen, RGBl. 1931 Teil 1, S. 509, § 6). In einem solchen Fall bedarf es also selbstverständlich keiner Genehmigung.

B. Wegen der Umschuldung kurzfristiger Schulden von Ländern und Gemeinden vgl. Juristische Wochenschrift 1931 S. 2895.

Dritte Verordnung des Reichspräsidenten zur Sicherung von Wirtschaft und Finanzen und zur Bekämpfung politischer Ausschreitungen. Vom 6. Oktober 1931.

Dritter Teil.

Haushalts- und Schuldenwesen.

Kapitel I.

Aufnahme von Anleihen und Darlehen durch Gemeinden.

§ 1.

(1) Gemeinden und Gemeindeverbände bedürfen zur rechtswirksamen Aufnahme von Anleihen und Darlehen, zur rechtswirksamen Übernahme von Bürgschaften und Verpflichtungen aus Gewährverträgen und zur rechtswirksamen Bestellung anderer Sicherheiten der vorherigen Genehmigung durch die Landesregierung oder die von ihr beauftragten Behörden.

(2) Als Anleihe oder Darlehn im Sinne dieser Verordnung ist die Aufnahme jeder Art von Kredit anzusehen.

§ 2.

Sofern es sich nicht unmittelbar oder mittelbar um die Aufnahme von Auslandskrediten handelt, bedürfen der Genehmigung nicht:

1. die Aufnahme von vorübergehenden, aus ordentlichen Einnahmen des laufenden Rechnungsjahres oder sonst innerhalb von neun Monaten aus ordentlichen Einnahmen zu deckenden Krediten (Kassenkrediten), soweit diese Kredite nicht jeweils insgesamt mehr als ein Viertel des haushaltsmäßigen ordentlichen Einnahmesolls des Rechnungsjahres betragen;
2. der Abschluß regelmäßig wiederkehrende Geschäfte im Rahmen der laufenden Verwaltung.

§ 3.

Der Genehmigung unterliegen auch Rechtsgeschäfte, mit denen durch Mißbrauch von Formen und Gestaltungsmöglichkeiten des Rechtes die Genehmigung umgangen werden soll. Eine solche Umgehung liegt insbesondere dann vor, wenn durch das gewählte Rechtsgeschäft nach Lage der Verhältnisse wirtschaftlich für die Gemeinden im wesentlichen derselbe Erfolg erzielt werden soll, der erzielt würde, wenn einer der Aufnahme einer Anleihe oder eines Darlehns, der Übernahme einer Bürgschaft oder Gewähr oder der Stellung einer Sicherheit entsprechende rechtliche Gestaltung gewählt worden wäre. Dies gilt auch, wenn für die Errichtung, die Instandsetzung oder den Ausbau dauernder Anlagen oder anderer Werke ein Geldbetrag geschuldet und die Zahlung nicht auf Grund eines Anleihe- oder

Darlehnsvertrages, sondern in anderer rechtsgeschäftlicher Form kreditiert wird.

§ 4.

Kommunale Giroverbände und kommunale Kreditinstitute bedürfen zur rechtswirksamen Aufnahme von Anleihen, die für den öffentlichen Markt bestimmt sind, der Genehmigung durch die im § 1 bezeichneten Behörden. Dies gilt nicht für Pfandbriefanleihen öffentlich-rechtlicher Kreditanstalten.

§ 5.

Die zwischen der Reichsregierung und den Regierungen der Länder vereinbarten Richtlinien für das Schuldenwesen der Gemeinden und über die Aufnahme von Auslandskrediten durch Gemeinden und Gemeindeverbände sind für die Dauer der getroffenen Vereinbarungen auch für die im § 1 bezeichneten beauftragten Behörden verbindlich.

§ 6.

Weitergehende Vorschriften des Landrechts bleiben unberührt.

Kapitel II.

Umschuldung kurzfristiger Schulden von Ländern und Gemeinden.

§ 1.

Beim Reichsfinanzministerium wird für die Umschuldung kurzfristiger Schulden der Länder und Gemeinden (Gemeindeverbände) eine Umschuldungsstelle gebildet. Sie besteht aus je einem Vertreter des Reichsministers der Finanzen, des Reichsrats, der Regierung des beteiligten Landes, des Reichsbankdirektoriums, der Reichskreditgesellschaft und des privaten Bank- und Hypothekenbankgewerbes. Bei der Umschuldung einer Gemeinde (Gemeindeverbandes) tritt je ein Vertreter der Deutschen Girozentrale und des kommunalen Spitzenverbandes hinzu. Den Vorsitz führt der Vertreter des Reichsministers der Finanzen.

§ 2.

(1) Die Umschuldungsstelle übt ihre Tätigkeit auf gemeinsamen Antrag des Gläubigers und des Schuldners aus. Sie kann auch auf Antrag eines Teiles vermittelnd eingreifen.

(2) Sie kann vom Schuldner die namentliche Angabe der übrigen Gläubiger verlangen und sie von dem Eingang des Antrags benachrichtigen.

§ 3.

(1) Die Umschuldung wird in der Weise vorgenommen, daß die bisherige kurzfristige Schuld durch Ausgabe von Schuldverschreibungen und Festsetzung von Tilgungsraten oder durch eine dieser Maßnahmen ersetzt wird.

(2) Fällige oder gestundete Zinsen und Tilgungsraten von Anleihen sind nicht kurzfristige Schulden im Sinne von Abs. 1.

§ 4.

(1) Für die Umschuldung der Gemeinden (Gemeindeverbände) sind aus dem Aufkommen aus dem Geldentwertungsausgleich bei bebauten Grundstücken (Vierter Teil, Kapitel I § 5) in den Rechnungsjahren 1932, 1933, 1934 und 1935 je 12 vom Hundert des Gesamtaufkommens zu verwenden. Die sich hiernach ergebenden Beträge sind einem bei jedem Lande zu bildenden Umschuldungsfonds zuzuführen. Über diesen Fonds verfügt die Landesregierung im Interesse einer möglichst gleichmäßigen Umschuldung der Gemeinden (Gemeindeverbände), und zwar auch für Umschuldungsfälle, die nicht vor der Umschuldungsstelle behandelt werden.

(2) Die Gemeinden (Gemeindeverbände), zu deren Umschuldung Mittel des Fonds verwendet werden, werden in Höhe der verwendeten Beträge Schuldner des Fonds. Die Verzinsung und Tilgung regelt die Landesregierung. Zinsen und Tilgungsbeträge fließen dem Fonds zu.

(3) Die Mittel des Fonds können von der Landesregierung im Rahmen des Finanzausgleichs verwendet werden, sobald die Umschuldung der Gemeinden des Landes abgeschlossen ist und eine Inanspruchnahme des Fonds für diesen Zweck nicht mehr zu erwarten ist. Der Reichsminister der Finanzen kann auf Antrag der Landesregierung Ausnahmen von der Vorschrift des Abs. 1 zulassen, wenn die Umschuldung der Gemeinden des Landes auf andere Weise gesichert ist.

§ 5.

Bei Stellung des Antrags (§ 2) hat der Schuldner

1. einen Überblick über seine Haushalts-, Kassen- und Vermögenslage und
2. einen Tilgungsplan für seine sämtlichen kurzfristigen Schulden einzureichen.

§ 6.

Die Umschuldungsstelle kann die Umschuldung davon abhängig machen, daß die Gemeinde (Gemeindeverband) sich verpflichtet:

1. falls ein Haushaltsfehlbetrag besteht oder sich ergibt, die Zinsen und Tilgungsraten mindestens in Höhe der Hälfte durch Ausgabesenkung und nur den Rest durch sonstige Maßnahmen abzudecken;
2. Maßnahmen zu ergreifen, um aus den von den Gemeinden (Gemeindeverbänden) betriebenen Gas-, Wasser-, Elektrizitätswerken und Verkehrsunternehmungen ohne Erhöhung der Tarife größere Erträge zu erzielen, und diese größeren Erträge treuhänderisch abzutreten; auch bei der Vorbereitung dieser Maßnahmen unbeteiligte Sachverständige hinzuzuziehen;
3. die Zinsen und Tilgungsraten sicherzustellen und, soweit dies nicht möglich ist,
   a) besondere Abgaben oder Zuschläge auf die Elektrizitäts-, Gas-, Wasser- und Verkehrstarife ihrer Werke und Unternehmungen zu erheben und deren Ertrag treuhänderisch abzutreten;

Zustimmungserklärungen der Länder zu den neuen Richtlinien für Kreditgeschäfte der Länder enthalten sind, beschränken daher ihre Wirkung auf die Parteien, die die Richtlinien vereinbart haben. Wenn ein Land also ein Kreditgeschäft eingehen sollte, ohne die Richtlinien zu beachten, so würde es sich zwar einer Vertragsverletzung gegenüber dem Reich und den übrigen Länderregierungen schuldig machen, die Rechtswirsamkeit des Kreditgeschäfts würde aber hierdurch nicht berührt werden.

Die Reichsregierung hat sich in Art. XV Abs. 2 der neuen Richtlinien vorbehalten, die durch die Richtlinien getroffenen Vereinbarungen zu kündigen, „wenn wesentliche Bestimmungen verletzt werden". In einem solchen Falle dürfte mit dem Erlaß eines Reichsgesetzes, das die Länder auch Dritten gegenüber an die Bestimmungen der Richtlinien bindet, zu rechnen sein. In diesem Zusammenhang darf darauf hingewiesen werden, daß die Notverordnung vom 6. Juni 1931 in Teil III Kapitel IX bereits mit Gesetzeskraft eine Aufsichtspflicht der Länder über das Schuldenwesen der Gemeinden festgesetzt hat.

Ein reichsrechtlicher Eingriff in das Schuldenwesen der Gemeinden ist durch die Notverordnung des Reichspräsidenten über die Spar- und Girokassen sowie die kommunalen Giroverbände und kommunalen Kreditinstitute vom 5. August 1931 (RGBl. I S. 429 hier abgedruckt S. 95) erfolgt; hierüber siehe S. 22.

II. Kreditgeschäfte von Gemeinden und Gemeindeverbänden.

Soweit die Richtlinien die Kreditgeschäfte von Gemeinden und Gemeindeverbänden behandeln, sind sie in Preußen nunmehr durch das Gesetz vom 29. Mai 1931 in Kraft gesetzt worden. Soweit Gemeinden und Gemeindeverbände in Frage kommen, haben also die Richtlinien in Preußen gesetzliche Kraft.

Hieraus folgt, daß alle nach den neuen Richtlinien genehmigungspflichtigen Kredit-Geschäfte, die nicht die Genehmigung erhalten haben, nichtig sind. Denn die vorherige Genehmigung ist notwendig zum *rechtswirksamen* Abschluß dieser Geschäfte. Dies entspricht dem bisherigen Rechtszustand und der ständigen Rechtsprechung des Reichsgerichts (RGZ. Band 115, Seite 311, Band 122, Seite 176), wonach die Genehmigung — soweit sie erforderlich — wesentlicher

Bestandteil zum rechtswirksamen Zustandekommen des Rechtsgeschäftes ist (vgl. Ausführungsanweisung C).

Nach den meisten Kommunal-Verfassungsgesetzen (z. B. § 58 Nr. 8 der Städteordnung für die östlichen Provinzen) müssen, soweit Genehmigungen erforderlich sind, diese Genehmigungen in beglaubigter Form den Verpflichtungserklärungen der Gemeinde beigefügt werden; diese Vorschrift stellt keine durch das BGB. überholte Formvorschrift, sondern eine Beschränkung der Vertretungsmacht der Gemeindeorgane dar, die in allen Fällen der Kreditaufnahme durch genehmigungspflichtige Körperschaften, z. B. auch im Wechselverkehr (vgl. RGZ. 115, Seite 311) beobachtet werden muß (Ausführungsanweisung D).

Soweit ältere Gemeinde-Verfassungsgesetze eine über den § 1 des Gesetzes vom 29. Mai 1931 hinausgehende Genehmigungspflicht vorsehen, sind diese Vorschriften in Kraft geblieben. Dies gilt z. B. bezüglich der in einigen Gemeinde-Verfassungsgesetzen vorgesehenen Bestimmung, daß „jede neue Belastung ohne gesetzliche Verpflichtung" genehmigungspflichtig ist (Ausführungsanweisung D).

1. Genehmigungspflichtige Körperschaften.

Nach dem Gesetz vom 29. Mai 1931 sind genehmigungspflichtig die im § 1 des Gesetzes näher bezeichneten Kreditgeschäfte von „Gemeinden und Gemeindeverbänden". Genehmigungspflichtig sind also jetzt die genannten Kreditgeschäfte aller Gemeinden und Gemeindeverbände, insbesondere auch der nach Rezessen verwalteten Städte in Neu-Vorpommern und Rügen, für die bisher eine Genehmigung zur Aufnahme von Anleihen und zur Übernahme von Bürgschaften und sonstigen Verpflichtungen nicht bestand (Ausführungsanweisung A Ziff. 1). Was unter Gemeinden und Gemeindeverbänden zu verstehen ist, ergibt sich aus Art. 71 der preußischen Verfassung, in dem es heißt, daß der Staat sich in Provinzen und diese sich in Kreise, Städte, Landgemeinden und andere Gemeindeverbände gliedern. Es handelt sich also um die öffentlich-rechtlichen Gebietskörperschaften (Neue Richtlinien Art. XII Abs. 2, Runderlaß vom 5. Februar 1931 Einl. Abs. 3). Zu ihnen gehören auch die zwischen Gemeinden, Kreisen und Provinzen bestehenden kommunalen Zwischenglieder, z. B. die Zweckverbände gemäß dem preußischen Gesetz vom 19. Juli 1911, die in Westfalen, der Rheinprovinz und teilweise in Schleswig-Holstein bestehenden besonderen Gemeindeverbände (sog. Ämter,

Landbürgermeistereien bzw. Kirchspiel-Landgemeinden, preuß. Gesetz vom 27. Dezember 1927), die die Aufgaben von Gemeinden in gewissen Teilen erfüllen. Die Ämter und Landbürgermeistereien haben erhebliche Bedeutung. Daneben gibt es noch einige Gemeindeverbände aus älterer Zeit für Kredit- und Wohlfahrtszwecke, z. B. in der Lausitz und die Provinziallandschaft in Hannover. Es gehören hierher auch die nach der Rechtsprechung des Oberverwaltungsgerichts (OVG. Band 64, Seite 120) als Gemeindeverbände anzusehenden Gesamtschulverbände. Für diese wird also eine kommunal-aufsichtliche Genehmigung zum Abschluß der in § 1 des Gesetzes bezeichneten Geschäfte eingeführt, die die schulaufsichtliche Genehmigung zur Aufnahme von Anleihen nicht berührt. Auch der Siedlungsverband Ruhrkohlenbezirk fällt unter die Vorschriften des Gesetzes (Ausführungsanweisung A 1).

Ferner sind nach § 2 des Gesetzes vom 29. Mai 1931 gemäß Art. IV Abs. 4 der neuen Richtlinien genehmigungspflichtig: „Anleihen von kommunalen Giroverbänden oder kommunalen Kreditinstituten", soweit diese Anleihen für den öffentlichen Markt bestimmt sind; ausgenommen sind nur die Pfandbriefanleihen öffentlich-rechtlicher Kreditanstalten gemäß Reichsgesetz vom 27. Dezember 1927. Das jetzt aufgehobene preußische Gesetz betr. ausländischen Kommunalkredit vom 9. Juli 1925 hatte nur für die Giroverbände und ihre Bankanstalten, die Girozentralen, eine Genehmigungspflicht hinsichtlich der Aufnahme von vorübergehenden Auslandskrediten (Kassenkrediten im Auslande) festgesetzt, die an Länder, Gemeinden oder Gemeindeverbände gegeben werden sollten. Außer den Girozentralen gehören zu den „kommunalen Kreditinstituten" im Sinne des § 2 des Gesetzes vom 29. Mai 1931 insbesondere die provinziellen Landesbanken und die auf Grund besonderer Verträge zwischen den Provinzialverbänden und den provinziellen Giroorganisationen errichteten und gemeinsam verwalteten Gemeinschaftsbanken (vgl. v. Hippel, Die öffentl.-rechtl. Kreditinstitute, 1927, S. 209ff.) sowie die kommunalständischen Banken. Ferner auch die kommunalen Sparkassen und die Kommunalbanken; jedoch ist diesen die Aufnahme von Anleihen für den öffentlichen Markt nach ihren Satzungen nicht gestattet (vgl. z. B. § 23 der Sparkassen-Mustersatzung vom 26. Juli 1927, MinBl. i. V. Sp. 760).

Art. XIII der neuen Richtlinien besagt ausdrücklich, daß sie zunächst nicht für „Versorgungsbetriebe mit eigener Rechtspersönlichkeit und Dachgesellschaften von Versorgungsbetrieben, auf deren Geschäftsführung Gemeinden und Gemeindeverbände maßgebenden Einfluß haben", gelten. Die in der Hand von Gemeinden und Gemeindeverbänden befindlichen rechtlich selbständigen Versorgungsbetriebe sind also genehmigungsfrei, selbst wenn sich das Kapital ganz in den Händen des Kommunalverbandes befindet. Wie aber das Wort „zunächst" klarlegt, kann die Frage noch nicht als endgültig erledigt angesehen werden (vgl. auch die Denkschrift des RFinM. S. 5 Z. 3). Sollten die Richtlinien in dieser Hinsicht geändert werden, so würde natürlich auch eine Änderung des preußischen Gesetzes vom 29. Mai 1931 notwendig sein.

Körperschaften des öffentlichen Rechts, die keine Gebietskörperschaften im Sinne des § 1 und keine kommunalen Verbände bzw. Anstalten im Sinne des § 2 des Gesetzes vom 29. Mai 1931 sind, fallen nicht unter die Genehmigungspflicht, z. B. nicht der Spitzenverband der kommunalen und sonstigen Sparkassen- und Giroverbände, der Deutsche Sparkassen- und Giroverband in Berlin (vgl. aber über die Genehmigungspflicht nach § 795 BGB. den § 27 der Satzung dieses Verbandes), ferner nicht die Wasserverbände im rheinisch-westfälischen Industriegebiet, z. B. Emscher Genossenschaft, Ruhrtalsperrenverein u. a.

Auf Kirchenanleihen beziehen sich die Richtlinien nicht. Solche Anleihen sind aber in Preußen genehmigungspflichtig und zwar für die evangelische Kirche durch Gesetz vom 8. April 1924 (GS. S. 221) Art. 6 und für die katholische Kirche durch Gesetz vom 24. Juni 1924 (GS. S. 585) § 15 Ziff. 2. Die Genehmigung erfolgt für die evangelische Kirche durch den Kultusminister bei Anleihen der höheren kirchlichen Verbände, sonst durch die Regierungspräsidenten (in Berlin Polizeipräsident), für die katholische Kirche durch die Regierungspräsidenten (in Berlin Polizeipräsident). Gegen die Entscheidungen der Regierungspräsidenten ist in jedem Fall Beschwerde an den Kultusminister zulässig, soweit nicht Klage bei dem OVG. erfolgt. Preußen hat sich bereit erklärt, ausländische Kirchenanleihen vor der Genehmigung der Beratungsstelle zu unterbreiten. Die Beratungsstelle ist auch bereits einmal mit einer Kirchenanleihe befaßt worden. Dabei hat sich ergeben, daß eine analoge Anwendung der Richtlinien auf Kirchenanleihen nicht möglich ist (vgl. Denkschrift S. 5).

2. Genehmigungspflichtige Geschäfte.

A. Gemeinden und Gemeindeverbände.

Die Genehmigung ist erforderlich für die Aufnahme von Anleihen und Darlehen, zur rechtswirksamen Übernahme von Bürgschaften und Verpflichtungen aus Gewährverträgen und zur rechtswirksamen Bestellung anderer Sicherheiten.

a) Anleihen und Darlehen.

Das Gesetz bestimmt, daß als Anleihe oder Darlehen „die Aufnahme jeder Art von Kredit anzusehen ist". Der RdErl. vom 5. Februar 1931 bestätigt, daß, wenn in den Richtlinien an verschiedenen Stellen die Bezeichnungen „Anleihe", „Darlehen" und „Kredit" nebeneinander gebraucht werden, mit diesen nur sprachlich verschiedenen Formen kein begrifflicher Unterschied gemacht werden soll. Es ist also gleichgültig, ob es sich um lang-, mittel- oder kurzfristige Kredite handelt, ob Teilschuldverschreibungen oder nur eine Gesamtschuldverschreibung, ob Wechsel, abstrakte Schuldversprechen oder andere Verpflichtungsscheine ausgestellt werden, oder ob ein Darlehen gegen ein einfaches Empfangsbekenntnis gegeben wird.

Hiermit schafft das Gesetz eine für das Gebiet des preußischen Staates einheitliche klare Rechtslage. Auch nach den bisherigen Vorschriften (z. B. § 50 Nr. 5 der StädteO. für die östl. Provinzen) war für die „Aufnahme von Anleihen" die Genehmigung erforderlich, jedoch war der Begriff der Anleihe nicht unstreitig. Zwar hatte die preußische Regierung im Runderlaß vom 1. August 1925 (MBl. V S. 857, hier abgedruckt S. 88) bereits eine ähnliche Definition wie in dem Gesetz vom 29. Mai 1931 gegeben, jedoch hat das Reichsgericht in RGZ. 122 S. 178 dem genehmigungspflichtigen Anleihebegriff eine engere Auslegung gegeben; es sollten unter „Anleihen" nach der Verkehrsauffassung nur „eine auf längere Zeit berechnete und nach einem festen Tilgungsplan zurückzuzahlende Kapitalaufnahme" zu verstehen sein, während „kurzfristige Kapitalsaufnahmen, wie sie für Zwecke der allgemeinen Verwaltung auf einen Zeitraum von gewisser Dauer zur Befriedigung vorübergehender Bedürfnisse geschehen und alsbald durch regelmäßige Einnahmen oder mit Hilfe einer größeren wirklichen Anleihe getilgt werden sollen, keine Anleihe im gedachten Sinn" darstellen sollten. Nunmehr entfällt hinsichtlich der Genehmigung der Unterschied zwischen lang- und kurzfristiger

Kapitalaufnahme. Ferner ist es auch im Gegensatz zu den bisherigen Vorschriften der Gemeindeverfassungsgesetze ohne Bedeutung, ob durch die Kreditaufnahme eine Belastung mit einem Schuldenstand oder eine Vergrößerung des vorhandenen Schuldenstandes eintritt. Also auch die bisher als solche nicht genehmigungspflichtige Verlängerung eines kurzfristigen Kredits, oder die Abstoßung eines kurzfristigen Kredits durch Aufnahme eines anderen kurzfristigen Kredits in gleicher Höhe bei einem anderen Geldgeber ist nunmehr der Genehmigung unterworfen (Ausführungsanweisung B I a, s. auch S. 19).

b) Bürgschaften.

Der Genehmigung unterliegt ferner die Übernahme von Bürgschaften. Hierunter sind Bürgschaften im Sinne der §§ 765ff. BGB. zu verstehen und zwar sowohl selbstschuldnerische Bürgschaften wie Ausfalls-, Rück- oder Nachbürgschaften. Die Ausführungsanweisung betont übrigens noch ausdrücklich, daß die Übernahme von Bürgschaften zugunsten der Privatwirtschaft, insbesondere zur Sicherung industrieller Beleihungen von Hypothekar-Kredit-Instituten, grundsätzlich nicht zu dem Aufgabenkreis der Gemeinden und Gemeindeverbände gehört. Nur wenn es sich um Förderung des Wohnungsbaues handelt, wird eine Ausnahme gemacht, falls der in Frage stehende Kommunalverband einen besonderen Bürgschaftssicherungsfonds sich geschaffen hat. Der Beschlußbehörde wird in der Ausführungsanweisung die Beachtung dieser Anweisung ausdrücklich zur Pflicht gemacht.

c) Gewährverträge.

Der Begriff der Gewährverträge, die gleichfalls der Genehmigungspflicht unterliegen, ist im Gesetz nicht geregelt. Der Runderlaß vom 5. Februar 1931 gibt unter A 2 die Rechtsnatur zutreffend damit wieder, daß die Verpflichtung aus dem Gewährvertrag nicht auf die Erfüllung der Verbindlichkeit des Hauptschuldners geht, ihr Gegenstand vielmehr die sachliche Haftung für einen bestimmten Erfolg, für ein bestimmtes Verhalten des Schuldners, die Übernahme einer Gefahr oder eines Schadens ist, die aus dem Schuldverhältnis mit einem Dritten entstehen könnte. Im übrigen gilt nach der Ausführungsanweisung für Gewährverträge zugunsten der Privatwirtschaft dieselbe Einschränkung wie für Bürgschaften. (Nur zulässig für Wohnungsbau, falls ein Sicherungsfonds vorhanden.)

Im Verkehr werden hauptsächlich zwei Arten von Gewährverträgen unterschieden. Einmal die Nebenverträge, mit denen in Ergänzung eines Hauptvertrages eine Gewährleistung für einen bestimmten Erfolg übernommen wird, z. B. der Zedent einer Forderung ihren Eingang gewährleistet. (Als Kredit im Sinne des Art. 87 der Reichsverfassung — Notwendigkeit eines Reichsgesetzes bei Beschaffung von Geldmitteln im Wege des Kredites durch das Reich — sind solche Nebenverträge nicht anzusehen.) Zum anderen werden hierunter selbständige Verträge begriffen, mit denen die Haftung für den Eintritt eines bestimmten Erfolges, z. B. für den Eingang einer Zahlung, übernommen wird. Da sowohl die Bürgschaft wie die Gewährleistung genehmigungspflichtig ist, bedarf es hier keiner näheren Erörterung, wodurch sich ein solcher Gewährleistungsvertrag von einer Bürgschaft unterscheidet.

d) Andere Sicherheiten.

Die neuen Richtlinien (Art. IV Abs. I) und das Gesetz vom 29. Mai 1931 (§ 1 Abs. I) bestimmen, daß auch „die rechtswirksame Bestellung anderer Sicherheiten" genehmigungspflichtig sei. Dieser Vorschrift bedurfte es nicht für den Fall, daß die Sicherheitsleistung für die Aufnahme eines eigenen Kredits der genehmigungspflichtigen „Körperschaft" erfolgt; denn in diesem Falle ist bereits die Aufnahme des Kredits genehmigungspflichtig; vgl. Ausführungsanweisung B I b. Die Bestimmung ist also für die Fälle getroffen, daß ein Kreditgeschäft, das einer Genehmigung nicht unterliegt, durch eine genehmigungspflichtige Körperschaft gesichert werden soll. Ein Beispiel hierfür ist — wie im übrigen auch für Bürgschaften und Gewährverträge — die Kreditaufnahme durch einen rechtlich selbständigen Versorgungsbetrieb unter Übernahme einer Sicherheitsleistung durch den öffentlichen Verband, der ihn beherrscht. Die Ausführungsanweisung (B I b) führt als Beispiele an: Aval (Wechselbürgschaft und Ausbietungsgarantie). Im übrigen gilt nach der Ausführungsanweisung für Bestellung anderer Sicherheiten zugunsten der Privatwirtschaft die oben für Bürgschaften angegebene Einschränkung. (Nur zulässig für Wohnungsbau, falls ein Sicherungsfonds vorhanden.)

Was unter Sicherheitsleistung zu verstehen ist, bestimmt § 232 BGB. Danach kann, wer Sicherheit zu leisten hat, dies durch Hinterlegung von Wertpapieren, Verpfändung von Forderungen, die in das Reichsschuldbuch oder in das Staatsschuldbuch eines Bundesstaates eingetragen sind, durch Verpfändung beweglicher Sachen, durch Bestellung von Hypotheken an inländischen Grundstücken oder durch Verpfändung von Forderungen, für die eine Hypothek an einem inländischen Grundstück besteht, oder durch Verpfändung von Grundschulden oder Rentenschulden an einem inländischen Grundstück bewirken.

Keinen Unterschied macht es bei den Gewähr- und Sicherheitsleistungen, ob sie dem Geldgeber oder dem Geldnehmer gegenüber übernommen werden. Dagegen ist Voraussetzung, daß die Gewähr oder Sicherheit durch einen besonderen Rechtsakt bestellt wird. Liegen die Verhältnisse dagegen so, daß bei Aufnahme des Kredits durch den Dritten eine Bürgschaft, Gewähr- oder Sicherheitsleistung kraft besonderer Bestimmung, sei es Gesetz, Vertrag, Satzung oder dergleichen von selbst wirksam wird, so ist nach der Fassung von § 1 des Ges. vom 29. Juni 1931 kein Raum für eine besondere Genehmigung; denn das Kreditgeschäft des Dritten ist — wie vorausgesetzt — genehmigungsfrei; die Sicherheit in einer der vorgenannten Formen wird aber nicht erst durch einen besonderen Rechtsakt geschaffen (so daß sie nicht mangels Genehmigung eines solchen Rechtsakts unwirksam sein könnte), sondern erstreckt sich mit dem Abschluß des Kreditvertrages von selbst auf den betreffenden Kredit. Zu denken ist z. B. an Fälle wie Kreditgeschäfte der Hannoverschen Landeskredit-Anstalt; ihre Satzung bestimmt in § 36 Abs. 2, daß für ihre Verpflichtungen der Provinzialverband der Provinz Hannover als Gesamtschuldner unmittelbar haftet.

Immerhin haben die neuen Richtlinien auch an diese Fälle gedacht und hierüber in Art. V bestimmt, daß die Landesregierungen nach Möglichkeit dafür sorgen werden, daß „Körperschaften und Anstalten, sofern für Anleihen und Darlehen, die diese aufnehmen, unmittelbar kraft Gesetzes, Vertrages, Satzung oder dergleichen eine Bürgschaft, Garantie oder ähnliche Verpflichtung einer Gemeinde wirksam wird oder eintritt, für den öffentlichen Markt bestimmte Anleihen nur aufnehmen, wenn die Landesregierung sie für bedenkenfrei erklärt". Ausgenommen sind hiervon lediglich die Pfandbriefanleihen der öffentlich-rechtlichen Kreditanstalten (Art. V S. 2; IV Abs. 4 S. 2). Die Bestimmung des Art. V hat, wie ihr Wortlaut ergibt, nur vertragliche Bedeutung zwischen den Parteien der Richtlinien. Für die Rechtswirksamkeit der ohne Rücksicht auf diese Bestimmungen getätigten Kredite und Sicherstellungen ist sie dagegen ohne Bedeutung (für Auslandskredite vgl. aber S. 46). Praktisch werden die Fälle meist so liegen, daß Körperschaften und Anstalten, für deren Kreditgeschäfte Garantien und Sicherstellungen der vorgenannten Art von selbst wirksam werden, einer öffentlich-rechtlichen Aufsicht irgendwelcher Art unterliegen. Die Aufsichtsinstanzen werden nach Art. V der Richtlinien ihrerseits dafür zu sorgen haben, daß für den öffentlichen Markt bestimmte Anleihen solcher Körperschaften und Anstalten nur ausgegeben werden, wenn sie „für bedenkenfrei" erklärt worden sind. Dies wird in den meisten Fällen auf eine Genehmigungspflicht hinauskommen, ohne daß jedoch, wie gesagt, deren Mangel einen Einfluß auf die Rechtswirksamkeit hätte.

Eine andere Frage ist, ob nach den für die betreffende Anstalt oder Körperschaft geltenden allgemeinen Vorschriften das Kreditgeschäft mangels der darin vorgeschriebenen Genehmigung rechtsunwirksam ist. Dies ist an Hand der einschlägigen Vorschriften für jeden Fall besonders zu prüfen.

Die vorgenannte Beschränkung bezieht sich nur auf Anleihen, die im Einzelfall für den öffentlichen Markt bestimmt sind. Anleihen, die für den öffentlichen Markt zwar geeignet, aber nicht für ihn bestimmt sind, z. B. die Ausgabe von Inhaberschuldverschreibungen, die bei Sparkassen fest untergebracht werden, sind also durch die vorgenannten Bestimmungen nicht betroffen.

e) Umgehungsgeschäfte.

Die Vorschriften der alten Richtlinien und des preuß. Gesetzes vom 9. Juli 1925 haben im Zusammenhang mit der zeitweilig starke Kritik verursachenden Praxis der Beratungsstelle zu häufigen Überlegungen geführt, in welchen nicht der Genehmigung unterliegende Rechtsformen Kapital durch Gemeinden und Gemeindeverbände aufgenommen werden könnte. Die neuen Richtlinien und das Ges. vom 29. Mai 1931 (Art. IV Abs. 3 bzw. § 1 Abs. 3) wollen Versuche solcher Art dadurch abschneiden, daß in Anlehnung an § 5 RAO. der Genehmigung auch Rechtsgeschäfte unterworfen werden, „mit denen durch Mißbrauch von Formen und Gestaltungsmöglichkeiten des Rechts die Genehmigung umgangen werden soll". Die Richtlinien fügen noch hinzu, daß eine solche Umgehung insbesondere dann vorliegen soll, wenn durch das gewählte Rechtsgeschäft nach Lage der Verhältnisse wirtschaftlich für die Gemeinde im wesentlichen derselbe Erfolg erzielt werden soll, der erzielt würde, wenn eine der Aufnahme einer Anleihe oder eines Darlehens, der Übernahme einer Bürgschaft oder Gewähr oder der Bestellung einer Sicherheit entsprechende rechtliche Gestaltung gewählt worden wäre." Dies soll auch dann gelten, „wenn für die Errichtung, die Instandsetzung oder den Ausbau dauernder Anlagen oder anderer Werke ein Geldbetrag geschuldet und die Zahlung nicht auf Grund eines Anleihe- oder Darlehensvertrages, sondern in anderer rechtsgeschäftlicher Form kreditiert wird". Wenn auch das Ges. vom 29. Mai 1931 im Gegensatz zu dem Gesetzentwurf die näheren Ausführungen der Richtlinien nicht enthält, so kann daraus nicht geschlossen werden, daß die in den Richtlinien angeführten näheren Ausführungen nicht genehmigungspflichtig seien. Diese haben nur die Bedeutung einer beispielgebenden Erläuterung (Ausführungsanweisung B I c). Als typische Umgehungsgeschäfte führt die Ausführungsanweisung a. a. O. an:

Die Errichtung und außergewöhnliche Instandsetzung dauernder Anlagen, z. B. von Gas- und Elektrizitätswerken, Straßen, unter Kreditierung des geschuldeten Betrages.

Das Wesen der Steuerumgehung nach § 5 RAO. ist dahin gekennzeichnet worden (Boethke, Jur. Wochenschr. 1931 S. 278ff.), daß zur Ersparung von Steuern anstatt des durch die Rechtsordnung gewiesenen Weges ein anderer Weg gewählt wird, auf dem im wesentlichen das gleiche wirtschaftliche Ziel erreicht wird. In einem solchen Falle sollen die Steuern so festgesetzt werden, wie sie bei der Wahl des von der Rechtsordnung gewiesenen Weges entstanden wären. Wird dagegen auf dem gewählten Wege ein im wesentlichen wirtschaftlich nicht gleicher Erfolg erzielt, so entfällt die Anwendung des § 5 RAO.

Die Übertragung einer entsprechenden Vorschrift auf die Genehmigung der Kreditgeschäfte von Gemeinden und Gemeindeverbänden ist nicht unbedenklich. Die Kreditgeschäfte verlangen aber klare Rechtsverhältnisse; der Geldgeber gibt sein Geld nur, wenn er eine 100%ige Sicherheit für die Rechtswirksamkeit der Verträge hat, auf Grund deren er das Geld ausleiht. Er ist zwar unter Umständen bereit, ein wirtschaftliches, fast nie aber ein rechtliches Risiko einzugehen. Nicht in allen Fällen wird die Anwendbarkeit der Bestimmung so klar zutage liegen, wie bei den in den Richtlinien als Beispiel aufgeführten vorstehend angegebenen Fällen. In ihnen ist offenbar an die Pläne gedacht worden, den Kredit der Gemeinden dadurch zur Grundlage von Kapitalausleihungen zu machen, daß die Gemeinden als langjährige Generalmieter oder -pächter von Anlagen auftreten sollen, die aus den Mitteln der Finanzierung herzustellen sind, um dadurch die Verzinsung und Amortisation der aufgebrachten Mittel durch die Verpflichtung von Gemeinden zu sichern (z. B. das bekannte Berliner Chapman-Projekt). Nach dem Runderlaß vom 5. Februar 1931 (zu 3) soll das Vorliegen einer Umgehungsabsicht jedenfalls dann nicht angenommen werden können, wenn es sich um im Rahmen der laufenden Verwaltung abzuschließende, ihrer Natur nach regelmäßig wiederkehrende Geschäfte handelt (s. S. 20). Ob hiernach ein Rechtsgeschäft als Umgehungsgeschäft im Sinne dieser Vorschrift zu behandeln und demgemäß genehmigungspflichtig ist, soll nach dem Runderlaß vom 5. Februar 1931 in Zweifelsfällen die Aufsichtsbehörde bestimmen. Ihre Entscheidungen sind natürlich nur für die Verwaltungsbehörden bindend; hingegen haben im Streitfall die Gerichte selbständig zu entscheiden.

Diese Unsicherheit wird dazu führen, nahezu in allen Fällen, in denen auch nur die entfernte Möglichkeit einer Genehmigungspflicht besteht, den Kredit von der Genehmigung abhängig machen zu müssen.

Im Kreditwesen liegen die Verhältnisse also anders wie im Steuerwesen. Infolgedessen kann die dem § 5 RAO. nachgebildete Vorschrift — die im übrigen im Steuerrecht unter der sie eng umgrenzenden Kontrolle des Reichsfinanzhofs steht — in der so allgemeinen Fassung Nachteile bringen.

f) Genehmigungsfreie Geschäfte.

Genehmigungsfrei sind lediglich die folgenden Geschäfte:

1. Kassen- oder Betriebskredite, sofern es sich nicht unmittelbar oder mittelbar um die Aufnahme von Auslandskrediten handelt. Als Kassen- und Betriebskredite gelten nur (Art. I Abs. 2a und Art. IV Abs. 2 der neuen Richtlinien, § 1 Abs. 2a des Ges. vom 29. Mai 1931) vorübergehende aus ordentlichen Einnahmen des laufenden Haushaltsjahres oder sonst innerhalb von 9 Monaten

aus ordentlichen Einnahmen zu deckende Kredite. Damit ist der Begriff des genehmigungsfreien Kassenkredits enger gefaßt als er nach RGZ. 122 S. 176 anzunehmen war. Die Rückzahlung der kurzfristigen Schuld muß nicht nur irgendwie, z. B. aus einem langfristigen Kreditgeschäft — dies war nach der vorgenannten Reichsgerichtsentscheidung zulässig —, sondern aus laufenden Einnahmen der genannten Art gesichert sein. Ein kurzfristiges Geschäft zur Vorfinanzierung eines genehmigten langfristigen Geschäfts bedarf also besonderer Genehmigung.

Hieraus beantwortet sich die Frage, wie es mit Prolongationsgeschäften steht. Wird der Kredit nicht aus ordentlichen Mitteln des laufenden Haushalts oder sonst innerhalb von 9 Monaten aus ordentlichen Einnahmen abgedeckt, so entfällt die Voraussetzung für die Genehmigungsfreiheit; die Prolongation ist also genehmigungspflichtig. Dagegen ist die Prolongation genehmigungsfrei, wenn die Voraussetzungen der Genehmigungsfreiheit gewahrt bleiben (z. B. unter den vorgenannten Voraussetzungen Verlängerung eines Dreimonatskredites um weitere drei Monate). Das gleiche muß für die Prolongation kurzfristiger Schuldverbindlichkeiten, die unter dem bisherigen Recht genehmigungsfrei eingegangen sind, gelten; die Prolongation ist genehmigungsfrei, wenn die Voraussetzungen der Genehmigungsfreiheit nach dem neuen Recht gegeben sind, wenn sie also aus ordentlichen Einnahmen innerhalb der angegebenen Fristen — von der ursprünglichen Schuldaufnahme an gerechnet — gedeckt werden; in den übrigen Fällen bedürfen auch derartige Prolongationen der Genehmigung.

Die Genehmigungsfreiheit von Kassen- und Betriebskrediten innerhalb des vorgenannten Rahmens erleidet dadurch eine Einschränkung, daß die Genehmigungsfreiheit sich nur auf Inlandsgeschäfte bezieht. Kassen- und Betriebskredite, die im Auslande aufgenommen werden, sind also unter allen Umständen genehmigungspflichtig. Dies gilt auch von mittelbaren Auslandsaufnahmen, wenn ein Dritter, z. B. eine Bank oder ein rechtlich selbständiger Versorgungsbetrieb, den Kredit aufnimmt und an eine genehmigungspflichtige Körperschaft weiterleitet und wenn dies geschieht, damit nicht das Geschäft als unmittelbarer Auslandskredit der Genehmigung unterfällt. Das Kreditgeschäft des Dritten mit dem ausländischen Geldgeber bedarf keiner Genehmigung. Dagegen entsteht ohne Genehmigung keine Verpflichtung der genehmigungspflichtigen Körperschaft gegenüber dem Dritten; vielmehr kommen, wenn überhaupt, nur fragwürdige Verpflichtungen der genehmigungspflichtigen Körperschaft aus ungerechtfertigter Bereicherung in Frage. Das Risiko für eine inländische Bank, bei einem solchen nicht genehmigungsfreien Geschäft sich ohne Genehmigung zwischen Gläubiger und Schuldner zu stellen, ist also erheblich.

2. Genehmigungsfrei sind des ferneren Kredite, bei denen es sich um „im Rahmen der laufenden Verwaltung abzuschließende, ihrer Natur nach regelmäßig wiederkehrende Geschäfte" handelt (Art. IV Abs. 2 der Richtlinien, § 1 Abs. 2 b des Ges. vom 29. Mai 1931). Die Ausführungsanweisung (I b) sagt dazu: „Unter den Begriff der laufenden Geschäfte fallen einmal die unter Kreditierung des Kaufpreises getätigten Beschaffungsgeschäfte für die laufende Verwaltung. Es fallen ferner hierunter die Übernahme von Bürgschaften und von nach § 1 Abs. 1 des Gesetzes der Genehmigung unterworfenen Verpflichtungen zugunsten Dritter, insbesondere auch der in Privatrechtsform betriebenen Werke und Anstalten, soweit es sich um regelmäßig wiederkehrende Geschäfte der laufenden Verwaltung handelt. Typische Beispiele für derartige Geschäfte sind die Beschaffung von Heizmaterial und Bürobedarf jeder Art, des laufenden Bedarfs für Straßenunterhaltung, Ausrüstung und Betrieb von Krankenhäusern und Heil- und Pflegeanstalten, Bürgschaft oder sonstige Sicherheit für gestundete Kaufpreise von Kohlen zum Betrieb von Gas- und Elektrizitätswerken.

Bei Aufnahme dieser Vorschrift in die Richtlinien und entsprechend in das preußische Gesetz vom 29. Mai 1931 hatte man Bagatellsachen im Auge. Man wollte die Verwaltung bei ihren regelmäßigen Anschaffungen nicht knebeln, derart, daß wenn etwa bei unbedeutenden Anschaffungen nicht bar bezahlt wird, die Beschlußbehörde um Genehmigung angegangen werden müßte. Aus dieser Absicht möglichster Einschränkung der genehmigungspflichtigen Geschäfte erklärt sich wohl auch die Häufung der Begriffe in der Bestimmung, deren genaue Definition nicht ohne Schwierigkeiten ist. Man wird aber jedenfalls aus dem Wortlaut der Bestimmung entnehmen müssen, daß es sich nicht um außergewöhnliche Geschäfte handeln kann und daß eine Notwendigkeit für den Abschluß des Geschäftes vorliegen muß. Anderenfalls könnte man weder sagen, daß die Geschäfte im

Rahmen der laufenden Verwaltung liegen, noch daß sie regelmäßig wiederkehrend sind. Hieraus folgt, daß das Geschäft, um genehmigungsfrei zu sein, dieselben Merkmale aufweisen muß, die auch dem Kassenkredit zu eigen sind, nämlich „Notwendigkeit“ (vgl. Preuß. Runderlaß vom 1. August 1925 und 14. Februar 1930, Anlage H und J) und „Deckung aus ordentlichen Einnahmen“.

Aus den Worten „im Rahmen der laufenden Verwaltung“ wird man übrigens entnehmen müssen, daß es sich nur um solche Geschäfte handeln kann, die gerade in der betreffenden Verwaltung wiederholt vorkommen, daß es also nicht genügt, daß die regelmäßige Wiederholung eines solchen Geschäftes in irgendeiner anderen Verwaltung seiner Natur entspricht. Die Voraussetzung für die Genehmigungsfreiheit wäre z. B. anzunehmen, wenn gegen Kreditierung des Kaufpreises die regelmäßig notwendige Beschaffung von Material zum Straßenbau erfolgen soll; sie würde dagegen nicht vorliegen, wenn es sich um die Beschaffung von Material zum Bau einer großen Brücke gegen Kreditierung des Materialpreises handelt; denn ein solches Geschäft wird im Zweifel in der betreffenden Verwaltung nicht regelmäßig wiederkehren.

Auch hier gilt die weitere Einschränkung, daß die Genehmigungsfreiheit sich in keinem Fall auf unmittelbare oder mittelbare Auslandskredite erstreckt. Wenn also eine genehmigungspflichtige Körperschaft Materialbestellungen im Auslande gegen Kreditierung des Anschaffungspreises macht, so liegt unter allen Umständen ein genehmigungspflichtiges Kreditgeschäft vor.

Besonders schwierig ist hier die Abgrenzung des mittelbaren Auslandskredits. Wenn eine Gemeinde Bestellungen bei einer inländischen Firma gegen Kreditierung des Anschaffungspreises macht, so wird es häufig vorkommen, daß diese Firma sich ihrerseits ganz oder zum Teil im Auslande eindeckt, ohne daß die anschaffende Körperschaft dies weiß. Es kann nicht der Sinn der Richtlinien und des sie ausführenden Gesetzes sein, daß die anschaffende Körperschaft in jedem einzelnen Falle eine genaue Untersuchung über diesen Punkt anstellen muß. Vielmehr muß auch hier der Begriff des mittelbaren Auslandsgeschäfts auf Geschäfte beschränkt werden, die nur deshalb mit einem inländischen Vertragsgegner getätigt werden, um nicht ein unmittelbares Auslandsgeschäft abzuschließen und dadurch der Genehmigungspflicht zu unterfallen. Mittelbare Auslandsgeschäfte sind also auch hier nur solche Geschäfte, die ohne Vorhandensein der gesetzlichen Beschränkungen in der Form unmittelbarer Auslandsgeschäfte abgeschlossen würden (vgl. S. 46).

g) Verbotene Geschäfte.

Nach § 3 der Notverordnung vom 5. August (hier abgedruckt S. 95) ist es den öffentlichen oder dem öffentlichen Verkehr dienenden Spar- und Girokassen sowie den kommunalen Giroverbänden und kommunalen Kreditinstituten mit Wirkung vom 5. August 1931 ab bis auf weiteres untersagt, Anleihen, Darlehen und Kassenkredite an Gemeinden, Gemeindeverbände und andere öffentlich-rechtliche Körperschaften und Anstalten unmittelbar oder mittelbar zu gewähren. Geschäfte, die gegen dieses Verbot verstoßen, sind nichtig (§ 138 BGB.); es wäre also für die vorgenannten Geld gebenden Stellen gefährlich, das Verbot nicht zu beachten. Grund der Vorschrift ist, die mittelbare Inanspruchnahme eines Diskontkredits der Reichsbank durch die Gemeinden auszuschließen, nachdem die Spar- und Girokassen, Giroverbände und kommunalen Kreditinstitute wechselfähig gemacht worden sind (§ 2 l. c.)

B. Giroverbände und kommunale Kreditinstitute.

Der Genehmigungspflicht unterliegen ferner nach Artikel IV Absatz IV der neuen Richtlinien und entsprechend nach § 2 des Gesetzes vom 29. Mai 1931 — wie bereits oben (Seite 3) erwähnt — die „für den öffentlichen Markt bestimmten" Anleihen der kommunalen Giroverbände und der kommunalen Kreditinstitute mit Ausnahme der Pfandbriefanleihen öffentlich-rechtlicher Kreditanstalten (vgl. Reichsgesetz vom 27. Dezember 1927, RGBl. I Seite 492). Die Ausführungsanweisung zu dem Gesetz vom 29. Mai 1931 (zu F.) geht davon aus, daß es sich bei den Anleihen dieser Verbände bzw. Kreditinstitute um Anleihen handelt, die „der Deckung des kommunalen Kreditbedarfs dienen". Dies entspricht der Bestimmung des § 1 Absatz 2 des jetzt aufgehobenen preußischen Gesetzes betreffend ausländischen Kommunalkredit vom 9. Juli 1925, nach der (vorübergehende) Auslandskredite der Giroverbände und ihrer Bankanstalten genehmigungspflichtig waren, soweit diese Auslandskredite an Länder, Gemeinden oder Gemeindeverbände gegeben werden sollten. Während aber die genannte Bestimmung nur die Aufnahme vorübergehender, aus ordentlichen Einnahmen zu deckender Auslandskredite (Kassenkredite: vgl. Ausf.-Anw. zu F. Abs. II und H.) seitens der Giroverbände und ihrer Bankanstalten der Genehmigungspflicht unterwarf (vgl. RGZ. Bd. 122 S. 178) sind nunmehr alle „für den öffentlichen Mark bestimmten" Anleihen — also sowohl Inlands- wie Auslandsanleihen — der genannten Verbände und Kreditinstitute genehmigungspflichtig. Die neuen Richtlinien (Artikel IV Absatz IV) und das preußische Gesetz vom 29. Mai 1931 (§ 2) erweitern also nicht nur den Kreis der genehmigungspflichtigen Körperschaften (die kommunalen Giroverbände und alle kommunalen Kreditinstitute; vgl. oben Seite 9 ff.), sondern vor allem auch den Kreis der genehmigungspflichtigen Geschäfte der genannten Verbände bzw. Institute. Dazu bemerkt die Ausführungs-Anweisung (zu F.) mit Recht, eine Aufrechterhaltung der Vorschrift des § 1 Absatz 2 des Gesetzes vom 9. Juli 1925 sei nicht erforderlich gewesen, weil die Aufnahme vorübergehender Kredite (Kassenkredite im technischen Sinne) für kommunale Kreditinstitute begrifflich ausgeschlossen ist.

Für den öffentlichen Markt bestimmt sind in der Regel Inhaberschuldverschreibungen, Schuldscheinanleihen dann, wenn sie nach Art des Angebotes, der Aufmachung und der Stückelung von einem unbegrenzten Personenkreis übernommen werden sollen (Ausf.-Anw. zu F.). Zur Ausgabe von Inhaberschuldverschreibungen ist neben der Genehmigung nach § 2 des Gesetzes vom 29. Mai 1931 die Genehmigung gemäß § 795 BGB. erforderlich.

Demnach unterliegt die Aufnahme von nicht für den öffentlichen Markt bestimmten Schuldscheinanleihen und der Abschluß sonstiger gemäß § 1 des Gesetzes vom 29. Mai 1931 genehmigungspflichtiger Geschäfte seitens der kommunalen Giroverbände und der kommunalen Kreditinstitute — und zwar ohne Rücksicht darauf, ob es sich um Anleihen oder sonstige Geschäfte im In- oder Auslande handelt — nach wie vor nicht der Genehmigung, es sei denn, daß die Satzungen eine solche Genehmigung vorsehen. Dementsprechend ist insbesondere auch die Aufnahme von nicht für den öffentlichen Markt bestimmten Schuldscheinanleihen im Auslande nicht genehmigungspflichtig (Ausf.-Anw. zu F.).

Jedoch ist hervorzuheben, daß die Aufnahme von Auslandskrediten jeder Art, also auch von Schuldscheinanleihen, durch kommunale Giroverbände und Kreditinstitute im Hinblick auf die regelmäßig wirksam werdende Bürgschaft von Gemeinden und Gemeindeverbänden nach A II 3 der alten Richtlinien der Prüfung durch die Beratungsstelle unterliegt und zwar auch dann, wenn der Erlös der Anleihe nicht dem Kommunalkredit, sondern dem Hypothekarkredit zugeführt werden soll (vgl. Runderlaß vom 4. Mai 1928, MBl. i. V. Seite 501; Ausf.-Anw. a. a. O.). Eine Ausnahme hiervon gilt jedoch, obwohl die Ausführungsanweisung diesen Fall nicht besonders erwähnt, für Inhaberschuldverschreibungen öffentlich-rechtlicher kommunaler Kreditanstalten, deren Erlös dem Hypothekarkredit zugeführt wird (A II 3 der alten Richtlinien; Runderlaß vom 4. Mai 1928 a. a. O.).

Zu beachten ist ferner, daß die Weiterleitung von im Ausland auf Schuldschein beschafften Mitteln an Gemeinden und Gemeindeverbände, sei es auch in Reichswährung, für diese die mittelbare Beschaffung von Auslandskredit (§ 1 Absatz 2 a. E. des Gesetzes vom 29. Mai 1931) bedeutet und als solche, auch wenn es sich um Kassenkredite handelt, genehmigungspflichtig und den Richtlinien über die Aufnahme von Auslandskrediten unterworfen ist (Ausf.-Anw. a. a. O.).

3. Zuständigkeit und Verfahren.

A. Zuständigkeit der staatlichen Behörden.

Art. XII der neuen Richtlinien bestimmt, daß als Landesregierungen im Sinne der Richtlinien auch die Landesbehörden gelten, denen nach den Landesgesetzen die Ausübung der in den Richtlinien bezeichneten Befugnisse übertragen sind, und daß die Landesregierungen die ihnen nach den Richtlinien zustehenden Aufgaben auch nachstehenden Behörden übertragen können.

Nach § 1 des preuß. Ges. vom 29. Mai 1931 bedürfen die Gemeinden und Gemeindeverbände zur Aufnahme von Anleihen usw. der vorherigen Genehmigung durch die „nach den Gemeindeverfassungsgesetzen und dem Zuständigkeitsgesetz für die Genehmigung der Aufnahme von Anleihen der Gemeinden und Gemeindeverbände zuständigen Behörden". Zuständig sind hiernach die nach den Gemeinde-Verfassungsgesetzen und dem Zuständigkeitsgesetz bisher für die Genehmigung der Aufnahme von Anleihen von Gemeinden und Gemeindeverbänden berufenen Behörden, und zwar folgende:

Der Kreisausschuß: für Landgemeinden, Ämter, Zweckverbände, soweit eine Stadtgemeinde nicht beteiligt ist;

der Bezirksausschuß: für Landkreis, Stadtgemeinden, Zweckverbände und Gesamtschulverbände, soweit eine Stadtgemeinde beteiligt ist;

der Oberpräsident der Provinz Brandenburg und von Berlin: für die Stadtgemeinde Berlin;

der Minister des Innern, bzw. die Minister des Innern und der Finanzen: für Provinzen (Bezirksverbände, Landeskommunal-Verband Hohenzollern);

der Minister des Innern, der Finanzen und der Minister für Volkswohlfahrt: für den Siedlungsverband des Ruhrkohlenbezirks.

Wenn die Beschlüsse des Kreis- bzw. Bezirksausschusses oder des Provinzialrats die Befugnisse dieser Behörden überschreiten oder das bestehende Recht verletzen, so haben die zuständigen Staatsbehörden das Recht, gegen endgültige Beschlüsse die Anfechtungsklage bei dem Oberverwaltungsgericht zu erheben (§ 126 LVG.). Unter der Herrschaft des Preußischen Gesetzes vom 29. Mai 1931 liegt immer eine Gesetzesverletzung vor, wenn die Beschlußbehörden bei der Genehmigung von den Vorschriften der Richtlinien abweichen, da nach § 3 des Gesetzes diese Richtlinien für die Beschlußbehörden als verbindlich erklärt worden sind. Die Ausführungsanweisung (G) macht es dem Vorsitzenden daher zur Pflicht, in solchen Fällen mit der Anfechtungsklage vorzugehen (vgl. auch Runderlaß vom 27. Jan. 1925 — Anl. G). In Anleihesachen hat der Runderlaß vom 27. Jan. 1925 (Anlage G) den Behörden die Ausübung dieses Rechts ausdrücklich zur besonderen Pflicht gemacht.

Für die nach § 2 des preuß. Ges. vom 29. Mai 1931 genehmigungspflichtigen, für den öffentlichen Markt bestimmten Anleihen von kommunalen Giroverbänden oder kommunalen Kreditinstituten bestimmt Satz 2 des § 2 daselbst: „Zuständig für die Erteilung der Genehmigung ist, soweit in den Satzungen nichts anderes bestimmt ist, die Aufsichtsbehörde." Als Aufsichtsbehörde kommt, soweit es sich um Anleihen von kommunalen Giroverbänden und deren Bankanstalten, der Girozentralen, handelt, regelmäßig der Bezirksausschuß (§ 24 des preuß. Zweckverbandsgesetzes), soweit es sich um Anleihen der oben genannten provinziellen Landesbanken oder der Gemeinschaftsbanken handelt, regelmäßig der Oberpräsident in Betracht (vgl. § 114 Östl. ProvinzialO.), da der Geschäftsbereich dieser Kreditinstitute sich durchweg über den Gebietsbereich einer

Provinz erstreckt und auch die Satzungen in der Regel den Oberpräsidenten für zuständig erklären.

Als Aufsichtsbehörde für die kommunalen Sparkassen würde der Regierungspräsident evtl. unter Mitwirkung des Bezirksausschusses zur Genehmigung zuständig sein (§ 53 Abs. 2 des ZustGes.). Jedoch kommt eine Aufnahme von Anleihen für den öffentlichen Markt seitens der Sparkassen — wie bereits oben ausgeführt — praktisch nicht in Frage, weil sie den Sparkassen nach ihren Satzungen nicht gestattet ist (vgl. § 23 der Sparkassen-MS. vom 26. Juli 1927, MBl. f. i. V. Sp. 760ff.).

Die Genehmigungen beziehen sich selbstverständlich nur auf die Kreditgeschäfte, so wie sie den für die zur Genehmigung zuständigen Behörden vorgelegt worden sind. Wenn die zwischen den Beteiligten verabredeten Bedingungen andere als die diesen Behörden bekanntgegebenen sind, so finden die wirklichen Bedingungen keine Genehmigung. Es ist hierbei an die ständige Rechtsprechung des Reichsgerichts anläßlich der sog. Schwarzkäufe zu erinnern, als infolge des preuß. Ges. vom 10. Februar 1923 der Verkauf inländischer Grundstücke genehmigungspflichtig war (vgl. RGZ. 115 S. 43). Dagegen ist es für die Wirksamkeit der Genehmigung ohne Belang, ob die zuständigen Behörden die Voraussetzungen, unter denen sie die Genehmigung erteilen durften, nur irrtümlich als gegeben angesehen haben. Genehmigt also die zuständige Behörde eine Anleihe in der irrigen Annahme, daß eine vorherige Prüfung durch die Beratungsstelle nicht erforderlich sei, oder ist sie irrtümlicherweise der Ansicht, daß ein befürwortendes Gutachten der Beratungsstelle bei Auslandsanleihen, des zentralen Kreditausschusses bei Inlandsanleihen vorliegt, oder hält sie die Anleihe irrtümlicherweise für eine Inlandsanleihe, begnügt sie sich daher mit dem Gutachten des zentralen Kreditausschusses an Stelle der Prüfung durch die Beratungsstelle oder umgekehrt, so ist dies auf die Gültigkeit der Genehmigung ohne rechtlichen Einfluß. Es ist in diesem Zusammenhang an § 78 der ReichsabgabenO. zu erinnern, der die Rücknahme von Begünstigungen wegen behördlichen Irrtums nur gestattet, falls der Begünstigte den Irrtum hervorgerufen hat. Diese Regelung entspricht, wie aus den Ausführungen von Hippel (Fehlerhafte Staatsakte S. 121ff.) sich ergibt, der ständigen Rechtsprechung des preußischen Oberverwaltungsgerichts.

Allerdings verbleibt, wie bereits erwähnt, den zuständigen Staatsbehörden (vgl. § 126 LVG.) in diesen Fällen die Möglichkeit einer Anfechtungsklage beim OVG., da die Richtlinien nach § 3 des Ges. vom 29. Mai 1931 für die Genehmigungsbehörden verbindlich sind, ein Verstoß gegen die Richtlinien sich mithin als eine „Verletzung des bestehenden Rechts" im Sinne des § 126 LVG. darstellt.

Darüber, innerhalb welcher Zeit beantragte Genehmigungen zu erteilen sind, bestehen keine Vorschriften. Bei der Dringlichkeit der meisten Anleihegeschäfte und der Empfindlichkeit der Kapitalmärkte ist aber größte Beschleunigung geboten. Aus diesen Gründen sind auch Vorgenehmigungen von Anleihen d. h. Genehmigungen vor ihrem Abschluß nach Möglichkeit auszusprechen, gegebenenfalls vorbehaltlich der späteren Genehmigung der Anleihebedingungen; dies gilt um so mehr als insbesondere in Zeiten gestörter Kapitalmärkte Abschlußverhandlungen über genehmigte Anleihen günstiger zu führen sind.

B. Vorprüfung durch die Kreditausschüsse.

Um die gleichmäßige Behandlung der Kreditgesuche sicherzustellen, ist vorgesehen, daß die für die Genehmigung zuständigen Behörden ihre Entscheidungen nur treffen sollen, nachdem die Kreditgesuche vorher von sachverständigen Stellen geprüft und begutachtet worden sind. Für diese Vorprüfungen sind für In- und Auslandskredite verschiedene Stellen zuständig.

a) Zentrale Kreditausschüsse.

Die wichtigsten Inlandskredite, nämlich diejenigen lang- und kurzfristigen Anleihen, die für den öffentlichen Markt bestimmt sind, dürfen nur genehmigt werden, wenn vor der Genehmigung das Gutachten des zentralen Kreditausschusses bei dem kommunalen (Reichs-)Spitzenverband oder (Reichs-)Fachverband, dem die beteiligte Gemeinde, der beteiligte kommunale Giroverband oder das beteiligte Kreditinstitut angehört, über die Frage herbeigeführt ist, ob die Aufnahme der Anleihe den Grundsätzen der pfleglichen Behandlung des Geld- und Kapitalmarktes entspricht. (Neue Richtlinien Art. VI 2.) Derartige zentrale Kreditausschüsse sind bei allen kommunalen Spitzen- und Fachverbänden, ausgenommen beim Deutschen Land-Gemeindetag, wo die Einrichtung eines derartigen Kreditausschusses vorläufig nicht erforderlich erschien, gebildet. Und zwar kommen folgende zentrale Kreditausschüsse in Frage:

1. Der Kreditausschuß bei dem deutschen Städtetag,
2. der Kreditausschuß bei dem Reichsstädtebund,
3. der Kreditausschuß bei dem Verband der preußischen Provinzen,
4. der Kreditausschuß bei dem deutschen Landkreistag,
5. der Kreditausschuß bei der Deutschen Girozentrale (zur Begutachtung aller Sammelinhaberanleihen der deutschen Girozentrale),
6. der Prüfungsausschuß des Deutschen Sparkassen- und Giroverbandes und des Verbandes Deutscher öffentlich-rechtlicher Kreditanstalten (zur Begutachtung von Anträgen der Landesbanken, Provinzialbanken und provinziellen Girozentralen auf Genehmigung zur Ausgabe von Inhaberschuldverschreibungen für Zwecke des Kommunalkredits sowie zur Aufnahme von Anleihen für Zwecke der Landesbanken (Provinzialbanken) Ausführungsanweisung zu K I a; zu 5 und 6 vgl. Runderlaß vom 14. Februar 1930 II B).

Diese Kreditausschüsse sind für die Begutachtung der oben erwähnten für den öffentlichen Markt bestimmten Inlandsanleihen allein zuständig. An ihren Beratungen nehmen je ein Vertreter des Reichsministers der Finanzen, des Reichswirtschaftsministers, des Reichsbankdirektoriums und der zuständigen Landesregierung teil; diese Vertreter können die erforderlichen Aufklärungen verlangen (Neue Richtlinien Art. VII, Ausf.-Anw. K I a). Legt der Reichsminister der Finanzen gegen die Befürwortung seitens des Kreditausschusses Widerspruch bei der Landesregierung ein, der noch im Laufe des auf die Beratung des Kreditausschusses folgenden Werktages erfolgen muß, so darf die Anleihe nicht genehmigt werden, bevor „ein Benehmen mit dem Reichsminister der Finanzen stattgefunden hat". Das gleiche gilt, wenn der Kreditausschuß die Befürwortung ablehnt. (Neue Richtlinien Art. VII Abs. 2, 3; Ausf.-Anw. a. a. O.) Ebenso darf, falls eine Gemeinde oder der beteiligte kommunale Giroverband oder das beteiligte Kreditinstitut der Einrichtung eines zentralen Kreditausschusses nicht angehört und daher die eben erwähnten Bestimmungen nicht anwendbar sind, die Genehmigung nicht erfolgen, bevor ein Benehmen mit dem Reichsminister der Finanzen stattgefunden hat. Diese letztere Bestimmung (Neue Richtlinien Art. VII Abs. 4) dürfte für Preußen nicht praktisch werden, da sich in Preußen sämtliche Mitglieder der kommunalen Spitzen- und Fachverbände der Einrichtung der zentralen Kreditausschüsse angeschlossen haben (Ausf.-Anw. zu K I a). In beiden Fällen erfolgt die Stellungnahme des Reichsfinanzministers im Einvernehmen mit dem Reichswirtschaftsminister und dem Reichsbankdirektorium. Maßgebend ist also letzten Endes der Reichsminister der Finanzen. Dies kommt auch dadurch zum Ausdruck, daß der Reichsminister der Finanzen im Einvernehmen mit dem Reichswirtschaftsminister und dem Reichsbankdirektorium den Länderregierungen und den zentralen Kreditausschüssen Anzeige machen kann, daß die Verhältnisse des Geld- und Kapitalmarktes eine Zurückhaltung in der Genehmigung von Krediten allgemein oder bei Krediten bestimmter Art oder für bestimmte Gebiete erfordern (Neue Richtlinien Art. VIII). Wird dennoch eine Anleihe beabsichtigt, so ist mit der Wahrscheinlichkeit eines Widerspruchs des Reichsministers der Finanzen zu rechnen. Die maßgebende Stellung des Reichsministers der Finanzen wird auch dadurch kaum abgeschwächt, daß bei einer zweitinstanzlichen Entscheidung die kommunalen Finanzsachverständigen, die an der Beratungdes Kreditausschusses teilgenommen haben, sowie ein Vertreter des betreffenden kommunalen Spitzenverbandes zu beteiligen und die Entscheidung des Reichsministers der Finanzen im Einvernehmen mit dem Reichswirtschaftsminister und dem Reichsbankdirektorium zu erfolgen hat.

Wird der Genehmigungsbehörde das befürwortende Gutachten des zentralen Kreditausschusses beigebracht, so bedeutet das die im Benehmen mit den genannten Reichs- und Landeszentralbehörden getroffene Feststellung, daß dem Antrage mit Rücksicht auf eine pflegliche Behandlung des Geld- und Kapitalmarktes oder aus finanz- oder währungspolitischen Gründen keine Bedenken entgegenstehen. (Ausf.-Anw. zu K I a; über die Frage, ob auch die Prüfung des Antrages unter finanz- und währungspolitischen Gesichtspunkten berechtigt ist, vgl. unten Seite 29.) Im übrigen haben die Genehmigungsbehörden den Antrag, insbesondere seine Dringlichkeit, unter eigener Verantwortlichkeit zu prüfen (Ausf.-Anw. a. a. O.; vgl. B Abs. 2 des Runderlasses vom 5. Februar 1931, Anlage D).

b) Kommunale Kreditausschüsse.

Über die sonstigen Inlandsanleihen von Gemeinden und Gemeindeverbänden, die nicht für den öffentlichen Markt bestimmt sind, sondern als Schuldscheindarlehen aufgenommen werden, enthalten die Richtlinien keine besonderen Vorschriften. Hier greift aber der preußische Runderlaß vom 14. Februar 1930 (MBl. i. V. Spalte 115 — abgedruckt als Anlage J —) ein, in dem die vorherige Begutachtung durch kommunale Kreditausschüsse und das Zusammenwirken dieser Kreditausschüsse mit den Genehmigungsbehörden geregelt ist. Die daselbst vorgesehenen kommunalen (provinziellen und zentralen) Kreditausschüsse bleiben nach dem Runderlaß vom 5. Februar 1931 (zu B Abs. 1) und nach der Ausführungsanweisung zu dem Gesetz vom 29. Mai 1931 (zu K I a) für die Vorprüfung und Begutachtung zuständig mit der Maßgabe, daß sie auch die nunmehr einer kommunalaufsichtlichen Genehmigung unterliegenden Anleihe-Vorhaben von Gesamtschulverbänden zu begutachten haben.

Der Erlaß vom 14. Februar 1930 hat für Schuldscheindarlehen bis 5 Millionen Reichsmark die Zuständigkeit von provinzialen Kreditausschüssen (Erlaß II A), für Schuldscheindarlehen über diesen Betrag hinaus die Zuständigkeit von zentralen Ausschüssen vorgesehen (Erlaß zu B).

Die Einholung des Gutachtens ist Sache des beteiligten Kommunalverbandes.

c) Vorprüfungsfreie Geschäfte.

Auf die sonstigen nach § 1 des Gesetzes vom 29. Mai 1931 genehmigungspflichtigen Inlandsgeschäfte von Gemeinden und Gemeindeverbänden, also insbesondere die Verlängerung kurzfristiger Kredite oder Abstoßung kurzfristiger Kredite durch Aufnahme anderer kurzfristiger Kredite, die Übernahme von Bürgschaften und Verpflichtungen aus Gewährverträgen und die Bestellung anderer Sicherheiten (zu B I der Ausführungsanweisung; vgl. oben Seiten 13, 14, 15), erstreckt sich die Zuständigkeit der kommunalen Kreditausschüsse nach dem jetzigen Rechtszustand nicht. Anträge auf Genehmigung derartiger Geschäfte sind daher ohne Vorlegung eines Gutachtens der Genehmigungsbehörde zur Beschlußfassung zu unterbreiten (Ausf.-Anw. zu K II a).

C. Prüfung durch die Beratungsstelle.

Die Auslandskredite der Länder, Gemeinden und Gemeindeverbände unterliegen nach den Bestimmungen der alten Richtlinien (A—C) der Prüfung durch die Beratungsstelle, es sei denn, daß sie als „verhältnismäßig unbedenklich" im Sinne der Ziff. B I bis IV der alten Richtlinien anzusehen sind. Die Beratungsstelle kann jedoch auch die Beratung verhältnismäßig unbedenklicher Auslandskredite aus wirtschafts- und währungspolitischen Gründen für erforderlich erklären und muß dann die Länder darüber entsprechend unterrichten (vgl. im einzelnen unten Seite 47).

Soweit es sich um Auslandsanleihen handelt, hat in Preußen der Prüfung durch die Beratungsstelle nach der Ausführungsanweisung — wie bisher — die Begutachtung durch die im Runderlaß vom 14. Februar 1930 bezeichneten kommunalen Kreditausschüsse vorherzugehen. Die Begutachtung hat sich auf die Prüfung des Verwendungszwecks und der Dringlichkeit der Anleiheaufnahme zu erstrecken, nachdem durch Ziff. C IX 1 der neuen Richtlinien die Prüfung des Verwendungszweckes der Beratungsstelle abgenommen und der zuständigen Landesregierung überlassen worden ist (vgl. unten S. 33). Die von den Kreditausschüssen befürworteten Anträge werden unter Beifügung des befürwortenden Gutachtens durch die Hand der Kommunal-Aufsichtsbehörde der Genehmigungsbehörde vorgelegt (Runderlaß vom 14. Februar 1930 zu III). Falls die Anträge nach B der alten Richtlinien, insbesondere hinsichtlich der Höchstbelastung der Anleihe, nicht „verhältnismäßig unbedenklich" sind oder falls die Genehmigungsbehörde auch nur irgendwelche Zweifel hinsichtlich der Unbedenklichkeit des Anleihevorhabens hat, hat sie die Beschlußfassung auszusetzen, und die Aufsichtsbehörde hat dem Minister des Innern entsprechend zu berichten, der dann seinerseits im Einvernehmen mit dem Finanzminister das erforderliche Gutachten der Beratungsstelle einholt (Ausf.-Anw. zu K I b).

Ebenso sind gemäß A II 3 der alten Richtlinien die übrigen genehmigungspflichtigen Geschäfte, soweit es sich unmittelbar oder mittelbar um die Aufnahme von Auslandskrediten handelt oder Bürgschaften und sonstige Sicherheiten zugunsten ausländischer Verpflichtungen bestellt werden, unter Aussetzung der Beschlußfassung der Genehmigungsbehörde vom Minister des Innern der Beratungsstelle vorzulegen (Ausf.-Anw. zu K II b). Eine Vorprüfung dieser Geschäfte durch die kommunalen Kreditausschüsse findet nicht statt (Ausf.-Anw. a. a. O.).

Die Beratungsstelle setzt sich gemäß Abschnitt D der alten Richtlinien aus je einem vom Reichsminister der Finanzen, vom Reichswirtschaftsminister und vom Reichsbankdirektorium bestellten Sachverständigen, den Präsidenten der Preußischen und der Bayerischen Staatsbank und einem Vertreter des ein Gutachten einholenden Landes zusammen. Der Vertreter des Reichsministers der Finanzen ist der Vorsitzende. Dazu sind nach den neuen Richtlinien (Abschn. IX 3) für die Beratung von Anleiheverträgen und Anleihefragen der Gemeinden und Gemeindeverbände als stimmberechtigte Mitglieder zwei von den kommunalen (Reichs-)Spitzenverbänden und (Reichs-) Fachverbänden gemeinsam zu bestellende Finanzsachverständige getreten. Der Grundsatz, daß die Entschließungen der Beratungsstelle nach Stimmenmehrheit erfolgen (alte Richtl. D Abs. 2), ist jetzt insoweit durchbrochen (neue Richtl. a. a. O.), als der Antrag auf Befürwortung eines Anleihe- oder Kreditvorhabens als abgelehnt gilt, wenn drei Mitglieder gegen ihn stimmen. Gegen die Stimmen der drei Bankvertreter oder der zwei Reichsministerien und der Reichsbank kann also eine Befürwortung auch jetzt nicht beschlossen werden. In Geschäftsordnungsfragen gibt bei Stimmengleichheit die Stimme des Vorsitzenden den Ausschlag (alte Richtl. D Abs. 2).

Die Geschäftsführung der Beratungsstelle liegt bei dem Reichsfinanzministerium. Sie ist also keine ständige Behörde mit eigener Geschäftsstelle, vielmehr nur ein im Falle des Bedürfnisses zusammentretender Sachverständigenausschuß, dessen laufende Geschäfte im Reichsfinanzministerium erledigt werden. Die Geschäftsordnung der Beratungsstelle ist als Anlage F abgedruckt.

Ist schon durch die Bestimmung, daß ein Befürwortungsantrag als abgelehnt gilt, wenn drei Mitglieder gegen ihn stimmen, den Stimmen des Reichsfinanz- und des Reichswirtschaftsministeriums und der Reichsbank eine besondere Bedeutung beigemessen worden, so wird sie noch dadurch erhöht, daß im Falle ein Befürwortungsantrag gegen die Stimme eines der drei Sachverständigen angenommen wird, der in der Minderheit gebliebene Sachverständige in der Sitzung eine nochmalige Beratung des Antrages verlangen kann (alte Richtl. D Abs. 3); aber auch der Vertreter des das Gutachten einholenden Landes kann innerhalb zweier Werktage nach der Sitzung den gleichen Antrag stellen, wenn die Beratungsstelle den zur Begutachtung gestellten Auslandskredit ganz oder teilweise nicht befürwortet hat (alte Richtl. a. a. O.). An einer solchen wiederholten Beratung nehmen der Reichsminister der Finanzen und der Reichswirtschaftsminister oder ihre ständigen Vertreter (Staatssekretäre) sowie der Präsident des Reichsbankdirektoriums oder sein ständiger Vertreter persönlich an Stelle der von ihnen bestellten Sachverständigen teil. Im übrigen gelten für die nochmalige Beratung die gleichen Regeln wie für die erste Beratung, insbesondere auch hinsichtlich der Abstimmungen; ausdrücklich ist bestimmt, daß auch bei der zweiten Beratung über den Antrag stets im ganzen zu beraten ist (alte Richtl. a. a. O.), also nicht etwa nur über die Frage, die zu den Meinungsverschiedenheiten Anlaß gegeben hat.

Wenn zwischen Kreditgeber und Kreditnehmer eine Einigung über das Geschäft erzielt ist, handelt es sich regelmäßig darum, das Geschäft mit größter Beschleunigung durchzuführen, weil andernfalls infolge der Änderung der Marktverhältnisse oder aus einem anderen Grunde die Durchführung des Geschäfts scheitern könnte. Wegen der Möglichkeit einer plötzlichen Verschlechterung der Marktverhältnisse pflegen die Geldgeber sich nur kurz zu binden und Marktklauseln zu vereinbaren, gemäß denen sie von dem Geschäft zurücktreten können, wenn nach ihrer Meinung die Marktverhältnisse sich infolge Verschlechterung der politischen, wirtschaftlichen oder finanziellen Verhältnisse so gestaltet haben, daß die Durchführung des Kreditgeschäftes nach ihrem Ermessem nicht möglich ist. Deshalb ist durch die neuen Richtlinien (Abschn. C, IX, 2) die Bestimmung getroffen worden, daß die Beratungsstelle gehalten ist, den Antrag einer Landesregierung auf Erstattung eines Gutachtens spätestens binnen zwei Wochen nach Eingang des Antrages und der für die Beurteilung des Anleihe- oder Kreditvorhabens angeforderten Unterlagen zu erledigen.

Diese zweiwöchentliche Frist erscheint mit Rücksicht auf die vorgenannten Verhältnisse zu lang. Es muß erwartet werden, daß die Beratungsstelle innerhalb kürzerer Frist ihre Entscheidung trifft, zumal ihr die Prüfung des Verwendungszwecks abgenommen worden ist. Es muß im allgemeinen Interesse gefordert werden, daß sie regelmäßig innerhalb weniger Tage zur Entscheidung gelangt, ist doch zu berücksichtigen, daß nach der Befürwortung durch die Beratungsstelle noch die Genehmigung durch die zuständigen Behörden erforderlich ist. Deshalb ist in Abschnitt D Abs. 3 der alten Richtlinien bestimmt, daß die die Stellungsnahme der Beratungsstelle im einzelnen darlegenden Gutachten dem Reichsminister der Finanzen und der Regierung des in Betracht kommenden Landes mit möglichster Beschleunigung zu übermitteln sind.

Die Beratungen der Beratungsstelle sind geheim; die Mitglieder der Beratungsstelle sind zur Geheimhaltung der Verhandlungen verpflichtet. Insbesondere ist auch das Stimmenverhältnis bei Beschlußfassungen und die Person des Sachverständigen, der die nochmalige Prüfung eines Antrages verlangt hat, geheimzuhalten (alte Richtl. Abschn. D Abs. 2).

Den Antrag auf Prüfung eines Kreditgeschäftes hat die beteiligte Landesregierung und nur sie und zwar auch für die ihr zugehörigen genehmigungspflichtigen Körperschaften an die Beratungsstelle zu richten. Die prüfungspflichtigen Körperschaften sind also nicht in der Lage, ihrerseits sich an die Beratungsstelle mit dem Antrag auf Prüfung eines Kreditgeschäftes zu wenden; sie müssen vielmehr über das beabsichtigte Kreditgeschäft ihren Aufsichtsbehörden mit dem Antrag auf Einholung des Gutachtens der Beratungsstelle berichten. In Preußen wird nach der Ausführungsanweisung (K I b) das Gutachten der Beratungsstelle von dem Minister des Innern im Einvernehmen mit dem Finanzminister eingeholt.

Dem entspricht, daß die Länder berechtigt sind, die geplante Kreditaufnahme vor der Beratungsstelle mündlich zu vertreten. Es ist Sache des Landes, ob und inwieweit es sich hierbei durch einen Vertreter des Kreditnehmers unterstützen lassen will. Holt ein Land ein Gutachten für eine ihm zugehörige genehmigungspflichtige Körperschaft ein, so ist dem Antrag eine eigene Stellungnahme des Landes beizufügen (Abschn. C Abs. 2 der alten Richtl.) und nunmehr nach Abschnitt C IX, 1 der neuen Richtlinien auch von ihr anzugeben, daß er den Anforderungen der Richtlinien entspricht.

Die Prüfung der Beratungsstelle tritt, wie die Vorprüfung der zentralen Kreditausschüsse bei Inlandsanleihen nicht an die Stelle der staatlichen Genehmigung, sondern sie ist die Voraussetzung für deren Erteilung, soweit eine staatliche Genehmigung notwendig ist.

Voraussetzung für die Rechtswirksamkeit der Kreditgeschäfte ist lediglich die Genehmigung durch die zuständigen Behörden. Die Prüfung und Befürwortung durch die kommunalen Kreditausschüsse und die Beratungsstelle ist — soweit vorgeschrieben — nur die Voraussetzung, unter der die Genehmigung erteilt werden soll. Dies führt wiederum dazu, daß zwar prüfungspflichtige, aber genehmigungsfreie Kreditgeschäfte auch bei Übergehen des Kreditausschusses oder der Beratungsstelle rechtswirksam sind.

Durch die neuen Richtlinien (IX) ist die Zuständigkeit der Beratungsstelle insofern eingeschränkt worden, als die Prüfung des Verwendungszweckes des Anleiheerlöses der zuständigen Landesregierung überlassen worden ist. Denn wenn die das Gutachten einholende Landesregierung erklärt, daß der Verwendungszweck den Richtlinien entspreche, hat die Beratungsstelle von einer Prüfung abzusehen. Ihre Prüfung erstreckt sich dann nur auf die wirtschafts- und finanzpolitische Zulässigkeit des Kredits, seine Form und Sicherstellung und die Belastung, während die Prüfung des Verwendungszweckes bei Auslandsanleihen in Preußen — wie bereits erwähnt — den für die Vorprüfung zuständigen kommunalen Kreditausschüssen obliegt (Ausf.-Anw. K I a, Runderlaß vom 14. Februar 1930 zu II).

Über die allgemeinen Aufgaben der Beratungsstelle bestimmen die alten Richtlinien in Abschn. D Abs. 4, daß die Beratungsstelle die unter B genannten Bedingungen (S. 59) an Hand der Entwicklung dauernd auf ihre Unbedenklichkeit zu prüfen und gegebenenfalls den Ländern Änderungsvorschläge zu machen hat. Auch hat sie die Höchstsätze für die Belastungen durch die Kredite (alte Richtl. B II) je nach Lage der Verhältnisse zu ändern. Endlich hat die Beratungsstelle die Aufgabe, den ausländischen Kapitalmarkt zu beobachten und nach Möglichkeit Auskunft zu erteilen, z. B. über Vertrauenswürdigkeit von Kreditvermittlern, und ihre Erfahrungen für die Länder nutzbar zu machen.

Die Länder haben ihrerseits die Beratungsstelle laufend über ihre Erfahrungen zu unterrichten und ihr den Nennbetrag, die Bedingungen und den Verwendungszweck der von ihnen oder den ihnen zugehörigen öffentlichen Verbänden, Girozentralen oder sonstigen für genehmigungspflichtige Körperschaften aufgenommenen Auslandskredite mitzuteilen, soweit sie nicht ohnehin zur Kenntnis der Beratungsstelle zu bringen sind.

4. Voraussetzungen der Genehmigung.

§ 3 des Ges. vom 29. Mai 1931 bestimmt, daß die zwischen der Reichsregierung und den Ländern vereinbarten Richtlinien für das Schuldenwesen der Gemeinden — das sind die neuen Richtlinien — und über die Aufnahme von Auslandskrediten durch Länder, Gemeinden und Gemeindeverbände — das sind die alten Richtlinien —

3*

für die Dauer der geschlossenen Vereinbarungen auch für die Beschlußbehörden verbindlich sind.

Das bedeutet, daß die zuständigen Behörden nicht nach ihrem freien Ermessen Genehmigungen von Krediten zu erteilen oder zu versagen haben, sondern daß sie hierbei nach den in den Richtlinien niedergelegten Gesichtspunkten verfahren sollen.

Für In- und Auslandskredite sind diese Gesichtspunkte in den neuen Richtlinien niedergelegt; für die Auslandskredite sind außerdem noch die Bestimmungen zu beachten, die für ihre Prüfung nach den alten Richtlinien — in der Fassung, die diese durch die neuen Richtlinien erhalten haben — maßgebend sind.

A. Allgemeine Bestimmungen für In- und Auslandskredite.

Danach gelten folgende allgemeine Voraussetzungen für die Genehmigung von In- und Auslandskrediten von Gemeinden und Gemeindeverbänden:

a) Die Kreditgeschäfte dürfen nur zur Deckung außerordentlichen Bedarfs und im allgemeinen nur für werbende Zwecke aufgenommen werden (neue Richtl. A Art. I Abs. 1);

b) es dürfen keine Spezialverpfändungen bestellt werden (neue Richtl. Art. III Abs. 1);

c) die Rückzahlung muß bei Fälligkeit gesichert sein (neue Richtl. Art. I Abs. 1 S. 2);

d) es muß sichergestellt sein, daß der Erlös nur für die bei der Genehmigung angegebenen Zwecke verwandt wird (neue Richtl. Art. II).

Zu a: Die Bestimmung der neuen Richtlinien entspricht Art. 87 der Reichsverfassung: „Im Wege des Kredits dürfen Geldmittel nur bei außerordentlichem Bedarf und in der Regel nur als Ausgaben zu werbenden Zwecken beschafft werden."

aa) Zu dem Begriff „außerordentlicher Bedarf" sagt Giese, Verfassung des Deutschen Reiches: „Es gehören hierzu niemals fortlaufende Aufwendungen oder einmalige mit wiederkehrendem Charakter." Dies entspricht im wesentlichen der Begriffsbestimmung in der Finanzwissenschaft. Es muß aber bei wiederkehrenden Ausgaben natürlich auf den in Frage stehenden Haushalt abgestellt werden; d. h. es können im Reichshaushalt Ausgaben sehr wohl die Natur regelmäßig wiederkehrender Aufwendungen haben, die für einen Kommunalverband diese Natur offensichtlich nicht haben. Für Kommunalverbände bezeichnet der preuß. Erlaß vom 1. Juli 1891 (MBl. IV S. 84) als nicht anleihewürdige Zwecke solche, die entweder zur Unterhaltung bereits bestehender Anlagen oder zwar zur Herstellung neuer Anlagen bestimmt sind, aber alljährlich oder doch in ganz kurzen Zwischenräumen von neuem erforderlich werden. Es kommt also bei regelmäßig wiederkehrenden Ausgaben darauf an, daß sie in ganz kurzen Zwischenräumen wiederkehren, so daß sie gewissermaßen zu den laufenden Ausgaben gerechnet werden können. In diesem Sinne ist auch der Runderlaß vom 5. Februar 1931 zu verstehen, der sagt, daß unter Ausgaben zur Deckung außerordentlichen Bedarfs solche Ausgaben zu verstehen sind, die in den außerordentlichen Haushaltsplan gehören, womit der selbstverständliche und von jeher geltende Grundsatz aufgestellt werde, daß Anleihen zur Deckung laufender Ausgaben nicht in Anspruch genommen werden dürften.

Eine besondere Erweiterung hat der Begriff des außerordentlichen Bedarfs dadurch erfahren, daß nach Art. X der Richtlinien die Abdeckung kurzfristiger, vor dem Inkrafttreten der neuen Richtlinien begründeter Verbindlichkeiten als ein solcher außerordentlicher Bedarf angesehen werden kann.

bb) Zu den Ausgaben zu „werbenden Zwecken" in Art. 87 RVerf. führt Giese (a. a. O.) aus, daß es sich um solche Aufwendungen handelt, die sich finanziell lohnen, z. B. eine Kapitalaufwendung zwecks Erschließung oder Ausbaus von Einnahmequellen. Es muß sich also um produktive Zwecke handeln. Dieser Auslegung ist zuzustimmen. Werbende Zwecke im Sinne der Bestimmung der Richtlinien sind daher nicht nur Aufwendungen für werbende Anlagen im engeren Sinne, d. h. für Anlagen, die zur unmittelbaren Gewinnerzielung bestimmt sind, wie Gas-, Elektrizitäts- und ähnliche wirtschaftliche Betriebe, sondern auch für solche Anlagen, die auf eine mittelbare Steigerung der Produktivität abgestellt sind, wie z. B. für Wegebau. Solche Anleihen können außerordentlich produktiv sein (vgl. hierzu Hirsch, Finanzierungsprobleme von Deutschlands Verkehr, veröffentl. in Nr. 30—34 der Wochenschrift für Zement und Beton „Zement"); in anderen Worten werden unter dem Begriff „werbende Zwecke" also Zwecke zu verstehen sein, deren Erreichung durch Mittel aus Kreditgeschäften den Grundsätzen einer vernünftigen Finanzwirtschaft entspricht.

Hiermit steht auch nicht im Widerspruch, wenn der Runderlaß vom 5. Februar 1931 (zu A 1 b) zu diesem Punkte sagt:

„Da der inländische und ausländische Geld- und Kapitalmarkt auf das engste verflochten und praktisch nicht zu trennen sind, wird der für den Auslandskredit von jeher geltende Grundsatz, daß Anleihen nur für werbende Zwecke aufgenommen werden sollen, auch für den Inlandskredit als Grundsatz aufgestellt."

Denn hiermit ist nicht gesagt, daß die in den alten Richtlinien für Auslandskredite aufgestellten weiteren Bedingungen, die im nächsten Absatz behandelt werden, nunmehr auch für Inlandskredite gelten sollten. Wäre dies die Absicht gewesen, so hätte der Runderlaß das ausdrücklich bestimmen müssen. Im übrigen ist, wie der Zusatz „im allgemeinen" zeigt, der Grundsatz, daß Anleihen nur für werbende Zwecke aufgenommen werden dürfen, kein ausnahmslos bindender. Der Runderlaß vom 5. Februar 1931 (a. a. O.) betont auch ausdrücklich, daß es sich hier um keine starre Bindung der Genehmigungsbehörden in jedem Einzelfalle handle.

Der eben aufgestellte Grundsatz, daß es bei Anleihen genüge, wenn es sich um Zwecke handle, deren Erreichung durch Mittel aus Kreditgeschäften den Grundsätzen einer vernünftigen Finanzwirtschaft entspricht, genügt aber nur für Inlandskredite. Für Auslandskredite besteht als weiteres Erfordernis, daß es sich um unmittelbar produktive Zwecke handeln muß, d. h. um Aufwendungen für solche werbenden Anlagen, die durch unmittelbare Erzeugung von Werten die Verzinsung und Amortisation des investierten Kapitals aus eigenen Einnahmen gewährleisten, ohne daß allgemeine Einnahmen des öffentlichen Verbandes in Anspruch genommen werden. Wesentlich ist dabei, daß die Anlagen, sei es durch Hebung der Ausfuhr oder Eindämmung der Einfuhr, sei es in anderer Weise unmittelbar oder mittelbar der Förderung der Gesamtwirtschaft des Reiches dienen; örtliche Interessen sind nicht ausschlaggebend (alte Richtl. B III Z. 2). Hier kommen also nur Aufwendungen für werbende Anlagen im engsten Sinne in Betracht, d. h. für Wirtschaftsbetriebe, die auf Erzielung von Gewinn abgestellt sind. Wegebauten und ähnliche mittelbar produktive Anlagen müssen ausscheiden. Dies gilt zwingend für alle Anleihen, die als sog. „verhältnismäßig unbedenkliche" (alte Richtl. B) gelten, d. h. der Beratungsstelle zur Vorprüfung nicht unterbreitet zu werden brauchen. Es gilt auch grundsätzlich für solche

Auslandsanleihen, die zur Begutachtung der Beratungsstelle unterbreitet werden, wenn auch die Beratungsstelle im Einzelfalle von dem Grundsatz abgehen kann.

Zu b: Zur Sicherung eigener Kredite sollen die Gemeinden und Gemeindeverbände grundsätzlich keine Spezialverpfändung gewähren. Es sollen mit anderen Worten Gemeindeanleihen lediglich auf den allgemeinen Kredit der Anleiheträger hin gewährt werden. Dies entspricht der Übung, wenn auch und zwar gerade auch im Inlandsgeschäft Ausnahmen vorgekommen sind. Um aber die Erledigung üblicher Geschäfte nicht zu erschweren, ist bestimmt, daß eine Spezialverpfändung im Sinne dieser Bestimmung nicht angenommen werden soll, wenn es sich um eine hypothekarische Sicherung handelt, die der Verkehrsübung entspricht (Restkaufgeld, Finanzierung von Wohnungsbauten, landwirtschaftliche Beleihung), oder wenn es sich um die bankmäßige Lombardierung von Wertpapieren handelt (neue Richtl. Art. III Abs. 1 S. 2).

Um es den Gemeinden und Gemeindeverbänden zu erleichtern, Anleihen oder Darlehen ohne Stellung von Spezialsicherheiten zu erhalten, haben sich die Regierungen des Reichs und der Länder den Gemeinden gegenüber verpflichtet (Art. III Abs. 2 der neuen Richtl.), dahin zu wirken, daß die der öffentlichem Aufsicht unterliegenden Anstalten, also z. B. die Girozentralen, bei der Gewährung von Anleihen oder Darlehen an Gemeinden weder von diesen Spezialverpfändungen noch Bürgschaften anderer Gemeinden verlangen.

Die durch den nicht veröffentlichten Runderlaß vom 11. März 1926 vorgeschrieben gewesene zeitliche Beschränkung und besondere Genehmigung der Spezialverpfändung durch die Aufsichtsbehörden ist aufgehoben worden. Über die Zulassung der Spezialverpfändung ist, da es sich um eine Anleihebedingung handelt, im Einzelfall durch die zuständige Behörde anläßlich der Genehmigung der Anleihe zu entscheiden. Für Inhaberanleihen und Auslandsanleihen jeder Art soll das Verbot der Spezialverpfändung ausnahmslos weitergelten (Runderlaß vom 5. Februar 1931 Abschn. A 1 d).

Eine negative Verpfändungsklausel, die üblicherweise dahingeht, daß bei späterer Bestellung eines Spezialpfandes für eine andere Schuld die gleichrangige Sicherung der in Frage stehenden Anleihe zu erfolgen habe, kann den Geldgebern auf Verlangen im allgemeinen nicht verweigert werden. Eine solche Klausel hat zwar keine alsbaldige Bedeutung, kann aber bei Änderung der wirtschaftlichen Verhältnisse sehr praktisch werden; insbesondere ist sie auch dann zu beachten, wenn Teile des werbenden Vermögens einer Gemeinde in eine städtische Gesellschaft eingebracht werden und diese Gesellschaft ihrerseits Schulden gegen Sicherstellung eingeht.

Zu c: In welcher Weise die Rückzahlung der Kredite bei Fälligkeit sichergestellt sein soll, überlassen die Richtlinien den Bestimmungen des Einzelfalles, setzen jedoch fest, daß eine solche Sicherstellung jedenfalls dann als gegeben angesehen werden soll, wenn die Anlegung eines Tilgungsfonds vorgesehen ist. Zur völligen Rückzahlung der Kredite innerhalb ihrer Laufzeit wird der Tilgungsfonds meist nur bei langfristigen Anleihen ausreichen. In manchen Fällen wird es zweckmäßiger, weil billiger, sein, die Tilgung einer Anleihe während ihrer Laufzeit auf einen Teil zu beschränken. Die starre Forderung, daß langfristige Anleihen während ihrer Laufzeit getilgt werden müssen, wäre also nicht empfehlenswert, vielmehr wird die Rückzahlung auch im Falle genügender interner Rückstellungen als gesichert anzusehen sein. Der Runderlaß vom 5. Februar 1931 Abschn. A 1 c sagt hierzu, daß — abgesehen von einer regelmäßigen Tilgung — die Sicherheit der Rückzahlung bei Fälligkeit insbesondere in der Ansammlung eines Tilgungsfonds, bei kurzfristigen Anleihen in der bestimmten Aussicht der Konsolidierung in eine langfristige Tilgungsanleihe, bei Kassenkrediten in ordentlichen Einnahmen zu sehen sei. Die neuen Richtlinien (Abschn. A 1 Abs. 2) sehen die Sicherheit für die Rückzahlung — abgesehen wiederum von der Ansammlung eines Tilgungsfonds — bei den regelentsprechenden Kassenkrediten (S. 18) ohne weiteres, bei Darlehen mit einer Laufzeit von nicht mehr als einem Jahr dann als gegeben an, wenn das Darlehen im Vorgriff auf eine rechtsverbindlich zugesagte und genehmigte Anleihe aufgenommen wird und denselben Zwecken dient, für die der Anleiherlös bestimmt ist. Die im Runderlaß vom 5. Februar 1931 genannte bestimmte Aussicht der Konsolidierung in eine langfristige Anleihe wird nicht nur im Fall einer rechtsverbindlichen Zusage einer Anleihe, sondern auch dann gegeben sein, wenn nach Lage der Verhältnisse, insbesondere des Marktes, mit der Durchführung einer langfristigen Anleihe auch bei vorsichtiger Einstellung vernünftigerweise gerechnet werden kann. Eine rechtsverbindliche Zusage auf künftige Gewährung einer langfristigen Anleihe gehört mit Rücksicht auf die Möglichkeit einer plötzlichen Marktverschlechterung zu den größten Seltenheiten, wenn der Bankier nicht nur als Kommissionär auftritt — das würde nicht genügen —, sondern die Anleihe fest übernimmt, also das Emissionsrisiko trägt.

Von der Notwendigkeit die rechtzeitige Rückzahlung der Anleihen bei Fälligkeit sicherzustellen, ist die Frage verschieden, in welcher Zeit Anleihen so nach ihrem Verwendungszweck getilgt werden sollten. Hierüber verhalten sich eine Reihe von Erlassen (1. Juni 1891, MinBl. i. Verw. S. 84; 23. August 1907, MinBl. i. Verw. S. 261; 9. Januar 1924, MinBl. i. Verw. S. 46). Der Tilgungssatz schwankt regelmäßig zwischen 2½% und 1%; zu berücksichtigen ist, daß je höher der Zinsfuß ist, desto schneller bei gleichem Tilgungszuschlag die Tilgung erfolgt, da die zur Tilgung mitverwandte Zinsersparnis bei höherem Zinsfuß höhere Beträge ergibt. Einer besonders schleunigen Tilgung bedürfen Anleihen, die ausnahmsweise nicht für werbende Zwecke aufgenommen worden sind, insbesondere wenn sie Fehlbeträge der ordentlichen Haushalte decken sollen.

Zu d: Um sicherzustellen, daß die Erlöse aus den Krediten nur für die bei der Genehmigung angegebenen Zwecke verwandt werden, sollen die Länderregierungen die Gemeinden verpflichten, die Erlöse aus den Krediten in den außerordentlichen Haushalt als Einnahmen und getrennt nach Verwendungszwecken, als Ausgaben einzustellen (neue Richtl. Art. II). Damit ist entsprechend der Übung im Reich das „System der besonderen Anleihegesetze" verboten — es herrscht z. B. in Preußen und in den angelsächsischen Ländern —, wonach durch Anleihen gedeckte außerordentliche Ausgaben und die zu ihrer Deckung bestimmten Anleihemittel im Haushalt nicht aufgeführt werden (vgl. Neumark, Reichshaushaltsplan S. 150). Auf die Rechtswirksamkeit der erteilten Genehmigung haben diese zur leichteren Kontrolle der Gemeinden gegebenen Haushaltungsvorschriften natürlich keinen Einfluß.

B. Besondere Bestimmungen über die Schuldenaufnahme im Inlande.

a) Für die Genehmigung von Schuldenaufnahmen im Inlande gilt die weitere besondere Voraussetzung, daß „die Kreditaufnahme der pfleglichen Behandlung des Geld- und Kapitalmarktes nicht widersprechen darf". Diese pflegliche Behandlung bezieht sich auf die Höhe der angeliehenen Beträge, die Zeit der Inanspruchnahme der Kredite und ihre Bedingungen. In keiner Hinsicht soll durch rücksichtsloses Vorgehen einzelner Geldsucher der Kapitalmarkt im ganzen leiden, vielmehr wird angestrebt, die vorhandenen knappen Mittel möglichst den Stellen, die sie am dringendsten benötigen, zu Bedingungen und zu Zeiten zuzuleiten, die den Verhältnissen am besten entsprechen, insbesondere soll auch den Bestrebungen auf eine allmähliche Ermäßigung der Zinssätze nicht entgegengewirkt werden. Freilich können im Einzelfall bessere als die Marktbedingungen nicht erzwungen werden; anderenfalls wird das Kreditgeschäft scheitern oder durch einen Mißerfolg der Kredit des Geldnehmers geschädigt werden.

Die Prüfung, ob nicht die Kreditaufnahme den Grundsätzen der pfleglichen Behandlung des Geld- und Kapitalmarktes widerspricht, ist von den zentralen Kreditausschüssen vorzunehmen. Soweit sie Kreditgesuche befürworten, brauchen sich die Genehmigungsbehörden mit dieser Frage nicht mehr zu befassen. Daß die zentralen Kreditausschüsse außerdem zu prüfen haben, ob den Kreditgesuchen aus finanz- oder währungspolitischen Gründen Bedenken entgegenstehen, wie der Runderlaß vom 5. Februar 1931 (zu B Abs. 3) und die Ausführungs-Anweisung (K I a) angeben, ist aus den neuen Richtlinien nicht zu entnehmen; da die Kreditausschüsse hier Inlandsanleihen begutachten, ist auch kein Grund für solche Prüfung vorhanden. Im übrigen bleibt aber, wie der Runderlaß vom 5. Februar 1931 und die Ausführungs-Anweisung (a. a. O.) mit Recht ausführen, den Genehmigungsbehörden die selbstverantwortliche Prüfung des Antrags, insbesondere seiner Dringlichkeit.

C. Besondere Bestimmungen über die Schuldenaufnahme im Auslande.

Für die Aufnahme von Auslandskrediten durch Länder, Gemeinden und Gemeindeverbände sind die alten Richtlinien mit einigen Änderungen in Kraft geblieben. Hieraus ergibt sich folgende Rechtslage:

a) Prüfungspflichtige Körperschaften.

Prüfungspflichtig sind Auslandskredite der Gemeinden und Gemeindeverbände, also der gleichen öffentlich-rechtlichen Gebietskörperschaften, die genehmigungspflichtig sind; hinzu treten die Länder; auch ihre ausländischen Kreditgeschäfte unterliegen der Prüfung durch die Beratungsstelle, wo hingegen Bindungen für

Inlandskreditgeschäfte der Länder nicht getroffen sind. Es handelt sich aber nur um eine vertragliche Verpflichtung der Länder, ihre Auslandskredite dem Gutachten der Beratungsstelle zu unterstellen. Für die Rechtswirksamkeit solcher Kreditgeschäfte sind lediglich die gesetzlichen Vorschriften der Länder maßgebend.

Etwas abweichend davon ist die Genehmigungs- und Prüfungspflicht für Kreditgeschäfte der Kommunalgiroverbände und der kommunalen Kreditinstitute geregelt, ihre Kreditgeschäfte sind nur genehmigungspflichtig, „soweit sie für den öffentlichen Markt bestimmte Anleihen" darstellen (neue Richtl. IV, 4, Ges. vom 29. Mai 1931, § 2); jedoch ist die Prüfungspflicht der Beratungsstelle auch insoweit gegeben, als durch kommunale Giroverbände mittelbar Auslandskredite für Länder, Gemeinden oder Gemeindeverbände beschafft werden (alte Richtl. A II 1). Die mittelbare Aufnahme von Auslandskrediten solcher Körperschaften wäre aber auch ohne die besondere Vorschrift — wenn die Kredite durch öffentlich-rechtliche oder private Kreditanstalten oder in anderer Weise beschafft werden (alte Richtl. ebenda) — prüfungspflichtig; die Beteiligung gerade eines kommunalen Giroverbandes ist also für die Prüfungspflicht nicht entscheidend; infolgedessen wäre ihnen die besondere Vorschrift in den Fällen, in denen ein kommunaler Giroverband Gelder nicht für einen öffentlichen Verband aufnimmt — vorausgesetzt, ein solcher Fall könnte praktisch werden —, eine Prüfungspflicht nicht gegeben. In den Fällen, in denen die Prüfungspflicht gegeben ist, unterliegt ihr lediglich das Kreditgeschäft zwischen dem öffentlichen Verband und dem inländischen Zwischenträger, weil der öffentliche Verband als Bezieher eines mittelbaren Auslandskredites daran beteiligt ist.

b) Prüfungspflichtige Geschäfte.

Prüfungspflichtige Geschäfte sind (alte Richtl. A II)

1. die Auslandskredite der Länder, Gemeinden und Gemeindeverbände, mögen sie unmittelbar aufgenommen oder mittelbar durch öffentlich-rechtliche oder private Geldanstalten oder durch kommunale Giroverbände oder in anderer Weise beschafft werden;
2. der Auslandsverkauf geschlossener Posten Kommunalobligationen solcher Kreditinstitute, zu deren Aufgaben die Befriedigung des kommunalen Kreditbedarfs gehört;

3. Auslandskredite, für die Bürgschaften und Sicherheiten zugunsten Dritter von den Ländern, Gemeinden und Gemeindeverbänden, sei es dem Geldgeber oder dem Geldsuchenden gegenüber, gestellt werden, sowie Auslandskredite, für die eine von einem Lande oder einer Gemeinde oder einem Gemeindeverbande bereits gestellte Bürgschaft oder Sicherheit wirksam wird; ausgenommen ist der Fall, daß es sich um den Verkauf von Schuldverschreibungen öffentlich-rechtlicher Kreditanstalten zugunsten des Hypothekarkredits handelt, es sei denn, daß der Erlös für industrielle Beleihung Verwendung finden soll.

Auslandskredite im Sinne der Ziffer 1 dieser Bestimmungen sind Rechtsgeschäfte, durch die eine prüfungspflichtige Körperschaft verpflichtet ist, Zahlungen an künftigen Terminen im Ausland selbst oder durch einen Dritten zu leisten. Diese weitgehende Auslegung rechtfertigt sich deshalb, weil auch Kassen- und Betriebskredite und ihrer Natur nach regelmäßig wiederkehrende Geschäfte im Rahmen der laufenden Verwaltung prüfungs- und genehmigungspflichtig sind, wenn es sich unmittelbar oder mittelbar um die Aufnahme von Auslandskrediten handelt (neue Richtl. IV 2, Ges. vom 29. Mai 1931, § 1 Abs. 2). Gleichgültig ist dagegen, ob das Geld aus dem Ausland oder aus dem Inland stammt. Zug-um-Zug-Geschäfte sind natürlich auch mit ausländischen Vertragsgegnern frei; sie können nicht als Kreditgeschäfte angesehen werden.

Mittelbare Auslandsgeschäfte liegen vor, wenn die Geschäfte ohne das Vorhandensein der gesetzlichen Beschränkungen als unmittelbare Auslandsgeschäfte abgeschlossen, die Zins- und Kapitalrückzahlungen also im Ausland erfolgen würden. Verträge, die solche mittelbaren Auslandsgeschäfte betreffen, müssen bei Strafe der Nichtigkeit alle Voraussetzungen erfüllen, die für unmittelbare Auslandsgeschäfte vorgeschrieben sind. Die Gemeinden haben aber auch darauf hinzuwirken, daß nicht eine nachträgliche Umwandlung von Inlandsanleihen in mittelbare Auslandsanleihen erfolgt, was auf die Rechtsgültigkeit der Anleiheverträge keinen Einfluß hätte. Deshalb haben nach dem Runderlaß des Ministeriums des Innern vom 12. November 1926 (MinBl. S. 996) die Gemeinden und Gemeindeverbände bei Begebung von Inhaberanleihen, deren Begebung nach der Genehmigungsurkunde ausdrücklich auf das Inland beschränkt werden sollte, eine vertragliche Vereinbarung mit der die

Anleihe aufnehmenden Bankengruppe dahin zu treffen, daß die Anleihe nur im Inlande begeben und nur im Inlande von der Bankengruppe zur Zeichnung aufgelegt werden dürfe. Bei inländischen Schuldscheindarlehen ist nach dem Runderlaß vom 4. Mai 1928 (MinBl. i. Verw. S. 501) die Abtretbarkeit des Schuldscheins ausdrücklich an die Zustimmung der Gemeinde zu knüpfen; ohne solche Genehmigung ist dann die Abtretung nach § 399 BGB. wirkungslos.

Unerheblich ist, in welcher Währung die Auslandskredite abgeschlossen sind; insbesondere sind — einer weit verbreiteten Meinung entgegen — auch an Auslandsplätzen in inländischer Währung verzinsliche und rückzahlbare Kredite prüfungspflichtig. In diesem Zusammenhang hat der Begriff des Auslandskredits durch die Praxis noch eine Erweiterung erfahren. Die preußischen Minister des Innern und der Finanzen haben in dem Runderlaß vom 27. Januar 1925 (S. 82) angeordnet, daß in allen Fällen, in denen eine Verpflichtung zur Rückzahlung des Kapitals in effektiver ausländischer Valuta oder zwar in Reichswährung, aber nach einem bestimmten Umrechnungsverhältnis zu einer ausländischen Währung eingegangen ist, das Kreditgeschäft als Auslandskredit im Sinne der Richtlinien angesehen werden soll. Dagegen besteht kein Hindernis, die Zahlung auf Feingold oder Goldmark abzustellen; beides bedeutet das gleiche, wenn die üblichen Umrechnungsvereinbarungen in Anlehnung an die Verordnung über wertbeständige Hypotheken vom 23. Juni 1923 und die Ausführungsvorschriften dazu getroffen werden. Das Bestreben mancher amtlichen Stellen, das Ansehen der deutschen Reichswährung dadurch zu stärken, daß auf Vereinbarungen in Reichsmark Wert gelegt wird, erreicht das Gegenteil des erstrebten Zieles. In den Vereinigten Staaten von Amerika sind noch jetzt Golddollarklauseln in täglicher Übung, trotzdem die Inflationszeit schon mehr als ein halbes Jahrhundert zurückliegt; trotzdem bezweifelt niemand die Stabilität der amerikanischen Währung. Gerade erst dadurch, daß Goldklauseln verpönt werden, entstehen Zweifel.

In den oben zu 3 genannten Fällen handelt es sich um die Aufnahme von Auslandskrediten durch prüfungsfreie Geldnehmer. Die Prüfungspflicht beschränkt sich auf die Sicherheit, die für einen solchen Kredit von einer prüfungspflichtigen Körperschaft gestellt wird. Es ist aber ohne Belang, ob die Sicherheit dem Geldgeber oder dem Geldsuchenden gegenüber gestellt wird. Bürgschaften im Sinne der §§ 765ff. BGB. können natürlich nur dem Geldgeber gegenüber eingegangen werden; das gleiche bezieht sich auf die Bestellung von Pfandrechten an beweglichen oder unbeweglichen Sachen. Dem Geldnehmer gegenüber kann nur eine Gewährleistung oder andere Haftung eingegangen werden, die der Geldnehmer seinerseits an den Geldgeber abtreten mag.

Für prüfungspflichtig sind ferner die Fälle erklärt, in denen eine von einem prüfungspflichtigen Verbande bereits kraft Gesetzes, Satzung usw. zu leistende Bürgschaft oder Sicherheit wirksam wird (neue Richtl. Art. V). Nehmen wir wiederum das Beispiel der Hannoverschen Landeskreditanstalt, nach deren Satzung der Provinzialverband der Provinz Hannover für die Verbindlichkeiten der Anstalt haftet. Eine solche allgemeine Verpflichtung würde nicht eines zustimmenden Gutachtens der Beratungsstelle bedürfen. Die Haftung der Provinz würde aber nicht für einen Auslandskredit der Anstalt in Anspruch genommen werden können, wenn nicht in einem solchen Einzelfalle der Auslandskredit nach Prüfung durch die Beratungsstelle genehmigt worden wäre.

c) Besondere Gesichtspunkte für die Prüfung von Auslandskrediten.

Die Gesichtspunkte, die bei der Prüfung von Krediten genehmigungspflichtiger Körperschaften allgemein zu beachten sind, gelten auch für die Auslandskredite. Bei ihnen gilt aber außerdem, daß „wirtschafts- und währungspolitische Gründe die äußerste Beschränkung bei der Aufnahme von Auslandskrediten durch öffentliche Verbände gebieten" (alte Richtl. A I) und deshalb die Aufnahme von Auslandskrediten nur zulässig sein soll, wenn „die wirtschafts- und währungspolitischen Verhältnisse dies gestatten" (alte Richtl. A III).

Diesen Gesichtspunkt unterstreichen die alten Richtlinien so stark, daß sie ihn neben die Einhaltung der weiteren Bedingungen — Unbedenklichkeit des Geschäfts und seine Befürwortung durch die Beratungsstelle — setzen. Rechtlich hat diese Nebeneinandersetzung keine Bedeutung; denn gerade darüber, ob die wirtschafts- oder währungspolitischen Verhältnisse den Kredit zulassen, entscheidet das Gutachten der Beratungsstelle. Bei den erheblichen Meinungsverschiedenheiten über die wirtschafts- und währungspolitische Zweckmäßigkeit von Auslandskrediten — hierbei sind wirtschafts- und währungspolitische Auffassungen, nicht Rechtsregeln ausschlaggebend — ist es nötig, daß *eine* Stelle die maßgebende Entscheidung zu treffen hat.

Die alten Richtlinien enthalten in Abschn. B besondere Bestimmungen, bei deren Einhaltung das Kreditgeschäft als verhältnismäßig unbedenklich gilt. Diese Vorschriften betreffen die Form des Kredites (B I), die Höchstbelastung (B II), den Verwendungszweck (B III und die Sicherstellung der Auslandskredite (B IV). Auf den Wortlaut dieser Bestimmungen, die im Anhang S. 59, 60 abgedruckt sind, darf hier verwiesen werden. Als Höchstbelastung (B II) gilt immer noch der Satz von 6%.

Wenn ein Auslandskredit diesen Bestimmungen entspricht, also „verhältnismäßig unbedenklich" ist, ist er deshalb nicht genehmigungsfrei; es entfällt aber mit Ausnahme von kurzfristigen Auslandskrediten der Gemeinden und Gemeindeverbände, die in jedem Fall der Beratungsstelle vorzulegen sind (alte Richtl. B I, 3), die Notwendigkeit, vor Erteilung der Genehmigung das Gutachten der Beratungsstelle einzuholen. Dies erleidet aber wiederum eine wichtige Ausnahme; die Beratungsstelle kann auch bei voller Einhaltung der Bestimmungen die Beratung für erforderlich erklären; hat sie hiervon die Länder benachrichtigt, so entfällt die Prüfungsfreiheit und tritt die Zuständigkeit der Beratungsstelle auch bei Einhaltung der Bestimmungen ein.

Diese Anordnung und die Zuständigkeit der ständigen Mitglieder der Beratungsstelle zur Festsetzung der jeweils zulässigen Höchstbelastung haben zur Folge gehabt, daß bislang so gut wie alle Auslandskredite genehmigungspflichtiger Körperschaften zur Prüfung vorgelegt werden mußten. Es ist nicht abzusehen, daß sich hierin etwas ändern sollte. Die Bedeutung der Unbedenklichkeitsbestimmungen liegt darin, daß ihre möglichst annähernde Einhaltung Voraussetzung für ein befürwortendes Gutachten der Beratungsstelle ist.

III. Die Genehmigung zur Ausgabe von Inhaberschuldverschreibungen nach § 795 BGB.

Die Angabe der rechtlichen Bestimmungen über das Schuldenwesen der Gemeinden und Gemeindeverbände wäre nicht vollständig, wenn lediglich das Ges. vom 29. Mai 1931 und die ihm zugrunde liegenden Richtlinien Gegenstand der Betrachtung wären; denn gerade hinsichtlich der wichtigsten Kredite, nämlich der für den öffentlichen Markt bestimmten Anleihen, kommt die weitere Genehmigung auf Grund des § 795 BGB. in Betracht. Auch für die Anleihen der privatrechtlichen und solcher öffentlichen Körperschaften, die nicht genehmigungspflichtig sind, ist § 795 BGB. zu berücksichtigen.

§ 795 BGB. bestimmt, daß im Inlande ausgestellte Schuldverschreibungen auf den Inhaber, in denen die Zahlung einer bestimmten Geldsumme versprochen wird, nur mit staatlicher Genehmigung in den Verkehr gebracht werden dürfen. Die Praxis für Inlandsanleihen ist der Notwendigkeit, diese Genehmigungen nachzusuchen, dadurch aus dem Wege gegangen, daß keine Inhaberschuldverschreibungen, sondern Orderschuldverschreibungen mit Blankoindossament ausgegeben werden. Die herrschende Lehre in Literatur und Rechtsprechung (StaudingerAnm. I zu § 795) hält für die Ausgabe solcher Schuldverschreibungen die staatliche Genehmigung nicht für erforderlich, obwohl durch die mit Blankoindossament versehenen Schuldverschreibungen der gleiche Zweck wie mit Inhaberschuldverschreibungen erreicht wird.

Bei Auslandsanleihen ist ein solcher Weg, die Genehmigung nach § 795 BGB. zu vermeiden, nicht möglich, weil im Ausland meistens nur Schuldverschreibungen mit der Inhaberklausel börsenfähig sind.

Nun ergibt aber richtiger Meinung nach der Wortlaut des § 795 BGB., daß für Inhaberschuldverschreibungen, die im Auslande ausgestellt werden, die staatliche Genehmigung nicht erforderlich ist; denn § 795 BGB. erstreckt das Erfordernis der Genehmigung ausdrücklich nur auf die im Inlande ausgestellten Inhaberschuldverschreibungen. Die Gesetzesmaterialien ergeben, daß die 2. Kommission das Erfordernis der staatlichen Genehmigung nur auf inländische, nicht auf ausländische Inhaberschuldverschreibungen abstellen wollte und eingehend darüber beraten hat, nach welchen Merkmalen im Sinne dieser Vorschrift inländische von ausländischen Inhaberschuldverschreibungen abzugrenzen seien. Nach eingehenden Erörterungen ist beschlossen worden, die Ausstellung für das wesentliche Moment in dem Sinne zu erklären, daß die der Inhaberschuldverschreibung aufgedruckte Ortsangabe entscheiden solle. Maßgebend ist hierfür im wesentlichen der Wunsch gewesen, ein greifbares und sichtbares Merkmal festzustellen. Planck (4. Aufl. Anm. 1 b zu § 795) führt hierzu aus:

„Allerdings scheint danach die Umgehung der Vorschrift verhältnismäßig leicht zu sein. Man wird aber, wie bei den Beratungen zutreffend hervorgehoben ist, annehmen dürfen, daß Papiere, die von Inländern im Auslande ausgestellt wurden, wegen mangelnden Vertrauens keinen nennenswerten Absatz finden werden. Rechtlich ist eine Schuldverschreibung, die nur zur Umgehung des Gesetzes im Auslande ausgestellt wird, wie eine im Inlande ohne die erforderliche Genehmigung ausgestellte Schuldverschreibung nach Abs. 3 als nichtig anzusehen. Die Absicht, das Gesetz zu umgehen, dürfte aber nicht allein schon daraus gefolgert werden können, daß der Aussteller seinen Wohnsitz oder eine gewerbliche Niederlassung in Deutschland hat."

Zur Stützung seiner Ansicht, insbesondere im letztgenannten Satze, führt Planck eine größere Reihe von maßgebenden Schriftstellern an. Diese Ausführungen von Planck zeigen zwar, wie sehr die wirtschaftlichen Verhältnisse, die der in § 795 BGB. geschaffenen Regelung zugrunde lagen, sich zwischenzeitlich geändert haben; zu jener Zeit dachte infolge des Kapitalreichtums Deutschlands niemand daran, daß einmal im nennenswerten Umfange Inhaberschuldverschreibungen inländischer Schuldner im Auslande ausgegeben werden müßten. Ein solches Bedürfnis ist aber seit dem Verlust des Krieges und der Übernahme der Reparationsverpflichtungen im erheblichen Umfange entstanden. Es kann nunmehr in den meisten Fällen keine Rede davon sein, daß bei Auslandsanleihen die Ausstellung der Schuldverschreibungen im Auslande *lediglich zur Umgehung* des § 795 BGB. erfolgt, vielmehr ist bei Auslandsanleihen fast stets die Ausstellung der Schuldverschreibungen im Auslande notwendig, zum mindesten zweckmäßig; es müssen z. B. die Stücke den Vorschriften ausländischer Börsen gemäß bei bestimmten Stellen im Auslande hergestellt werden oder es ist zur Ersparung hoher Versicherungsgebühren zweckmäßig, daß die Stücke erst nach dem Versand ins Ausland dort endgültig gezeichnet und damit im Rechtssinne zu Inhaberschuldverschreibungen gemacht werden. Jedenfalls liegen bei Auslandsanleihen wichtigere wirtschaftliche Gründe für die Ausstellung der Inhaberschuldverschreibungen im Auslande als bei Inlandsanleihen für die Ausgabe von Orderschuldverschreibungen mit Blankoindossament vor. Wenn nicht einmal in dem letzteren Falle eine unzulässige Umgehung des § 795 BGB. mit der Folge der Nichtigkeit der Orderschuldverschreibungen angenommen wird, kann um so weniger bei Auslandsanleihen eine unzulässige Umgehung durch die Ausgabe von Inhaberschuldverschreibungen im Auslande angenommen werden. Demgemäß besteht auch fast Einhelligkeit, daß in den hier in Frage kommenden Fällen eine staatliche Genehmigung nach § 795 BGB. nicht erforderlich ist (vgl. die Zitate bei Planck a. a. O.).

Eine abweichende Ansicht vertritt Staudinger (Erl. II 2b zu § 795). Auch er erkennt zwar an, daß die Ausstellung das wesentliche Moment dafür sei, ob eine staatliche Genehmigung erforderlich sei oder nicht, d. h. daß das der Inhaberschuldverschreibung aufgedruckte Ortsdatum entscheidet; dies, gibt er an, habe den Vorteil, daß das entscheidende Merkmal aus dem Papier selbst entnommen werden könne; er folgert hieraus mit Recht, daß von dem Erfordernis der Genehmigung ausgenommen seien:

1. Inhaberschuldverschreibungen, welche zwar im Inlande ausgestellt sind, aber nur außerhalb Deutschlands ausgegeben werden,
2. derartige ausländische Papiere, welche zwar im Inlande in Umlauf gesetzt, aber außerhalb Deutschlands ausgestellt wurden.

Er schränkt aber dies letztere auf die Personen ein, die in Deutschland weder einen Wohnsitz noch eine gewerbliche Niederlassung haben, und fährt fort:

„Hat der Aussteller jedoch in Deutschland seinen Wohnsitz oder eine gewerbliche Niederlassung, so ist staatliche Genehmigung notwendig, auch wenn das Papier im Auslande ausgestellt ist. Letzteres muß indirekt aus Abs. 2 Satz 1 entnommen werden."

Die letztere Bestimmung besagt, daß die Genehmigung „durch die Zentralbehörde des Bundesstaats erteilt wird, in dessen Gebiet der Aussteller seinen Wohnsitz oder eine gewerbliche Niederlassung hat". Weshalb aus dieser lediglich die Zuständigkeit regelnden Bestimmung auch nur mittelbar zu folgern sein soll, unter welchen Umständen die Genehmigung notwendig ist, ist mangels näherer Gründe — Staudinger gibt sie nicht an — unerfindlich. Die Bestimmung besagt lediglich, welche Stelle die Genehmigung zu erteilen hat, wenn, besagt aber nicht, in welchen Fällen sie erforderlich ist. Mit Recht hebt Jacoby (Wertpapiere, § 39 Anm. 52) hervor, daß nach der Ansicht Staudingers inländische Firmen schlechter als ausländische Firmen stehen würden.

Hinzuweisen ist auch auf § 145a StGB., demzufolge mit näher bestimmter Geldstrafe bestraft wird, wer im Inlande Schuldverschreibungen auf den Inhaber, in denen die Zahlung einer bestimmten Geldsumme versprochen wird, ohne die erforderliche staatliche Genehmigung ausstellt und in Verkehr bringt. Soll auch diese Strafvorschrift über den Wortlaut hinaus ausgelegt werden? Die Strafgerichte werden dies nicht tun. Andererseits bedarf es keiner Betonung, daß § 795 BGB. und § 145a StGB. sich auf den gleichen Tatbestand beziehen.

Der danach unhaltbare kurze Satz von Staudinger hat dazu geführt, daß auch die Kreditnehmer, die nach dem Ges. vom 29. Mai 1931 und den Richtlinien genehmigungs- und prüfungsfrei sind, Inhaberschuldverschreibungen auch im Ausland nur mit staatlicher Genehmigung ausgeben können. Denn die zuständigen Stellen im Reich, in Preußen und in anderen Bundesstaaten — die letzteren teilweise nur nach heftigem Sträuben — haben sich auf den von Staudinger vertretenen Standpunkt gestellt. Demzufolge wurden bis zum 31. Dezember 1929 die Genehmigungen zur Eintragung von Hypotheken in ausländischer Währung regelmäßig nicht erteilt, wenn nicht im Fall der Ausgabe von Inhaberschuldverschreibungen gleichzeitig die staatliche Genehmigung gemäß § 795 nachgesucht wurde, auch wenn die Inhaberschuldverschreibungen im Auslande ausgestellt werden sollten; ferner wurden Anträge auf Erlaß der Kapitalertragsteuer gemäß § 115 des Einkommensteuergesetzes und auf Ermäßigung der Wertpapiersteuer gemäß § 27 Abs. 4 des Kapitalverkehrssteuergesetzes nicht in Beratung genommen, wenn nicht die Genehmigung nach § 795 BGB. nachgewiesen wurde. Es ist also in diesen Fällen ein unmittelbarer Zwang ausgeübt worden, die Genehmigung nach § 795 BGB. nachzusuchen.

Die Möglichkeit eines solchen Zwanges ist zwar dadurch entfallen, daß infolge des zeitlichen Ablaufs der Verordnung vom 13. Februar 1920 (RGBl. 1920 S. 231) eine Neueintragung von Hypotheken in ausländischer Währung auch mit staatlicher Ermächtigung nicht mehr zulässig ist (über gewisse Ausnahmen — Ausführung eines vor dem 31. Dezember 1929 geschlossenen Vertrages — vgl. Art. II des

3. Gesetzes über die Eintragung von Hypotheken in ausländischer Währung vom 12. März 1931, RGBl. S. 31), daß der Steuerabzug (Kapitalertragsteuer) von den Zinsen festverzinslicher Wertpapiere allgemein aufgehoben ist (VO. vom 16. Oktober 1930, RGBl. S. 464) und daß die Wertpapiersteuer nach ihrer Ermäßigung um 1% für In- und Auslandsanleihen gleich hoch ist (NotVO. vom 1. Dezember 1930) und daher eine Ermäßigung für Auslandsanleihen nicht mehr erfolgt. Es bleibt aber die Tatsache bestehen, daß nach dem Standpunkt der maßgebenden Regierungsstellen die Genehmigung nach § 795 BGB. bei der Ausstellung von Inhaberschuldverschreibungen im Ausland erforderlich ist.

Bei Anleihen handelt es sich nun nicht um ein Gebiet, auf dem die Beteiligten zweifelhafte Rechtsfragen ohne Schaden erörtern und klären können. Die Banken müssen — schon zur Deckung ihrer Verantwortung gegenüber den Zeichnern — klare und unzweifelhafte Rechtsverhältnisse vor sich sehen. Solange die maßgebenden Stellen ihren Standpunkt aufrecht erhalten, müssen daher die ausländischen Banken und ihre Rechtsberater darauf bestehen, daß die Genehmigung nach § 795 BGB. nachgesucht wird, selbst wenn sie sie nicht für erforderlich halten. Dies hat aber, wie gesagt, zur Folge, daß alle Auslandsanleihen, bei denen Inhaberschuldverschreibungen ausgestellt werden, von der staatlichen Genehmigung abhängig sind. Diese Genehmigung wird zwar nach § 795 BGB. von den Landesregierungen erteilt, ist aber dadurch zentral geordnet, daß die Landesregierungen sie vereinbarungsgemäß nur nach Benehmen mit der Reichsbank erteilen. Die letztere hat also tatsächlich die Entscheidung über alle im Auslande durch Ausgabe von Inhaberschuldverschreibungen aufzunehmenden Anleihen. Eine rechtliche Grundlage ist hierfür nicht vorhanden.

Anlage A.

Richtlinien für das Schuldenwesen der Gemeinden.

Vom 3. Dez. 1930.

Die Regierungen der Länder sind mit der Reichsregierung darüber einig, daß die Finanzen der kommunalen Körperschaften und die pflegliche Behandlung des Geld- und Kapitalmarktes die Beobachtung folgender Richtlinien für die Kreditaufnahme durch Gemeinden und Gemeindeverbände erfordern. Die Regierungen der Länder verpflichten sich gegenseitig und der Reichsregierung, die Richtlinien einzuhalten und ihre Durchführung zu sichern.

A. Allgemeine Bestimmungen über die Schuldenaufnahme.

I.

(1) Anleihen und Darlehen dürfen von Gemeinden nur zur Deckung außerordentlichen Bedarfs und im allgemeinen nur für werbende Zwecke aufgenommen werden. Vorbedingung ist in jedem Falle, daß ihre Rückzahlung bei Fälligkeit gesichert ist.

(2) Eine Sicherung für die Rückzahlung (Abs. 1) liegt insbesondere vor, wenn die Ansammlung eines Tilgungsfonds vorgesehen ist, sowie ferner

a) bei Kassenkrediten (Betriebskrediten), d. h. vorübergehenden Krediten, die aus ordentlichen Einnahmen des laufenden Haushaltsjahres oder sonst innerhalb von neun Monaten aus ordentlichen Einnahmen zu decken sind,

b) bei Darlehen mit einer Laufzeit von nicht mehr als einem Jahr, wenn das Darlehen im Begriff auf eine rechtsverbindlich zugesagte und genehmigte Anleihe aufgenommen wird und demselben Zweck dient, für den der Anleiheerlös bestimmt ist.

II.

Die Regierungen der Länder werden den Gemeinden die Verpflichtung auferlegen, den Erlös aus Anleihen und Darlehen (Nr. 1 Abs. 1) nur für die bei der Genehmigung angegebenen Zwecke zu verwenden und in den außerordentlichen Haushalt als Einnahme und, getrennt nach Verwendungszwecken, als Ausgaben einzustellen.

III.

(1) Gemeinden sollen zur Sicherung eigener Anleihen, Darlehen und sonstiger Kredite grundsätzlich keine Spezialverpfändung gewähren. Als Spezialverpfändung im Sinne dieser Bestimmung gelten nicht eine hypothekarische Sicherung, wenn sie der Verkehrsübung entspricht (z. B. Rest-

kaufgeld, Finanzierung von Wohnungsbau, landwirtschaftliche Beleihung) und die bankmäßige Lombardierung von Wertpapieren.

(2) Die Reichsregierung und die Regierungen der Länder werden dahin wirken, daß die ihrer Aufsicht unterstehenden öffentlich-rechtlichen Anstalten bei der Gewährung von Anleihen und Darlehen an Gemeinden weder von diesen Spezialverpfändungen (Abs. 1) noch Bürgschaften anderer Gemeinden verlangen.

IV.

(1) Gemeinden bedürfen zur rechtswirksamen Aufnahme von Anleihen und Darlehen, zur rechtswirksamen Übernahme von Bürgschaften und Verpflichtungen aus Gewährverträgen und zur rechtswirksamen Übernahme von anderen Sicherheiten der vorherigen Genehmigung der Landesregierung.

(2) Kassenkredite (Nr. I Abs. 2a) und im Rahmen der laufenden Verwaltung abzuschließende, ihrer Natur nach regelmäßig wiederkehrende Geschäfte unterliegen nicht der Genehmigung durch die Landesregierung, es sei denn, daß es sich unmittelbar oder mittelbar um die Aufnahme von Auslandskrediten handelt.

(3) Der Genehmigung unterliegen auch Rechtsgeschäfte, mit denen durch Mißbrauch von Formen und Gestaltungsmöglichkeiten des Rechts die Genehmigung umgangen wird. Eine solche Umgehung liegt insbesondere dann vor, wenn durch das gewählte Rechtsgeschäft nach Lage der Verhältnisse wirtschaftlich für die Gemeinden im wesentlichen derselbe Erfolg erzielt werden soll, der erzielt würde, wenn eine der Aufnahme einer Anleihe oder eines Darlehens, der Übernahme einer Bürgschaft oder Gewähr oder der Stellung einer Sicherheit entsprechende rechtliche Gestaltung gewählt worden wäre. Dies gilt auch, wenn für die Errichtung, die Instandsetzung oder den Ausbau dauernder Anlagen oder anderer Werke ein Geldbetrag geschuldet und die Zahlung nicht auf Grund eines Anleihe- oder Darlehensvertrages, sondern in anderer rechtsgeschäftlicher Form kreditiert wird.

(4) Den Gemeinden stehen gleich kommunale Giroverbände und kommunale Kreditinstitute, soweit sie für den öffentlichen Markt bestimmte Anleihen aufnehmen (vgl. Nr. V). Dies gilt nicht für Pfandbriefanleihen öffentlich-rechtlicher Kreditanstalten (Gesetz über die Pfandbriefe und verwandten Schuldverschreibungen öffentlich-rechtlicher Kreditanstalten vom 21. Dezember 1927 — Reichsgesetzbl. I S. 492 —).

V.

Die Landesregierungen werden nach Möglichkeit dafür sorgen, daß Körperschaften und Anstalten, sofern für Anleihen und Darlehen, die diese aufnehmen, unmittelbar kraft Gesetzes, Vertrags, Satzung oder dergleichen eine Bürgschaft, Garantie oder ähnliche Verpflichtung einer Gemeinde wirksam wird oder eintritt, für den öffentlichen Markt bestimmte Anleihen nur aufnehmen, wenn die Landesregierung sie für bedenkenfrei erklärt hat. Die Bestimmung unter Nr. IV Abs. 4 Satz 2 bleibt unberührt.

B. Schuldenaufnahmen im Inlande.

VI.

(1) Die Regierungen der Länder werden zustimmende Entscheidungen im Rahmen von Nr. IV und V nicht treffen, wenn die Kreditaufnahme der pfleglichen Behandlung des Geld- und Kapitalmarktes widerspricht.

(2) Bei lang- und kurzfristigen Anleihen der unter Nr. IV und V bezeichneten Art, die für den öffentlichen Markt bestimmt sind, ist vor der Genehmigung der Landesregierung das Gutachten des zentralen Kreditausschusses bei dem kommunalen (Reichs-)Spitzenverband oder (Reichs-) Fachverband, dem die beteiligte Gemeinde, der beteiligte kommunale Giroverband oder das beteiligte kommunale Kreditinstitut angehört, darüber herbeiführen, ob die Aufnahme der Anleihe den Grundsätzen der pfleglichen Behandlung des Geld- und Kapitalmarktes entspricht.

VII.

(1) An den Beratungen des Kreditausschusses (Nr. VI Abs. 2) nehmen je ein Vertreter des Reichsministers der Finanzen, des Reichswirtschaftsministers, des Reichsbank-Direktoriums und der zuständigen Landesregierung teil. Sie sind berechtigt, Aufklärungen zu den vorliegenden Anleihevorhaben zu verlangen.

(2) Der Befürwortung durch den Kreditausschuß kann der Vertreter des Reichsministers der Finanzen widersprechen. Der Widerspruch ist spätestens im Laufe des auf die Beratung des Kreditausschusses folgenden Werktages bei der Landesregierung zu erheben. Der Kreditausschuß erhält von der Erhebung des Widerspruchs Mitteilung.

(3) Die Regierungen der Länder verpflichten sich, für den öffentlichen Markt bestimmte Anleihen, die von dem zuständigen zentralen Kreditausschuß nicht befürwortet sind oder gegen deren Befürwortung der Vertreter des Reichsministers der Finanzen Widerspruch erhoben hat, nicht zu genehmigen, bevor ein Benehmen mit dem Reichsminister der Finanzen stattgefunden hat. Die kommunalen Finanzsachverständigen, die an der Beratung des Kreditausschusses teilgenommen haben, sowie ein Vertreter des kommunalen (Reichs-)Spitzenverbandes oder (Reichs-)Fachverbandes, dem die beteiligte Gemeinde, der beteiligte kommunale Giroverband oder das beteiligte kommunale Kreditinstitut angehört, sind auf Antrag der Landesregierung zu beteiligen. Die Stellungnahme des Reichsministers der Finanzen erfolgt im Einvernehmen mit dem Reichswirtschaftsminister und dem Reichsbank-Direktorium.

(4) Für den Fall, daß eine Gemeinde, ein kommunaler Giroverband oder ein kommunales Kreditinstitut der Einrichtung eines zentralen Kreditausschusses nicht angehört und daher die Bestimmungen unter Nr. VI Abs. 2 und Nr. VII Abs. 1—3 nicht anwendbar sind, verpflichten sich die Regierungen der Länder, für den öffentlichen Markt bestimmte Anleihen nicht zu genehmigen, bevor ein Benehmen mit dem Reichsminister der Finanzen stattgefunden hat. Die Stellungnahme des Reichsministers der Finanzen erfolgt im Einvernehmen mit dem Reichswirtschaftsminister und dem Reichsbank-Direktorium.

VIII.

Erfordern die Verhältnisse des Geld- und Kapitalmarktes eine Zurückhaltung in der Genehmigung von Krediten allgemein oder von Krediten bestimmter Art oder für bestimmte Gebiete, so kann der Reichsminister der Finanzen im Einvernehmen mit dem Reichswirtschaftsminister und dem Reichsbank-Direktorium den Landesregierungen und den zentralen Kreditausschüssen hiervon Anzeige machen. Hält der Reichsminister der Finanzen die Voraussetzungen, unter denen die Anzeige gemacht war, nicht mehr für gegeben, so zeigt er dies den Regierungen der Länder und den zentralen Kreditausschüssen an.

C. Schuldenaufnahme im Auslande.

IX.

Für Kredite, die im Auslande aufgenommen werden, gelten die „Richtlinien über die Aufnahme von Auslandskrediten durch Länder, Gemeinden und Gemeindeverbände vom 21. Oktober 1927" weiter mit folgenden Änderungen:

1. Die Beratungsstelle wird von der Prüfung des Verwendungszwecks absehen, wenn die das Gutachten einholende Landesregierung erklärt, daß er den Anforderungen der Richtlinien entspricht.
2. Die Beratungsstelle ist gehalten, den Antrag einer Landesregierung auf Erstattung eines Gutachtens gemäß C der Richtlinien spätestens binnen zwei Wochen nach Eingang des Antrages und der für die Beurteilung des Anleihe- oder Kreditvorhabens angeforderten Unterlagen zu erledigen.
3. Der Beratungsstelle treten für die Beratung von Anleiheanträgen und Anleihefragen der Gemeinden usw. als stimmberechtigte Mitglieder 2 von den kommunalen (Reichs-)Spitzenverbänden und (Reichs-)Fachverbänden gemeinsam zu bestellende Finanzsachverständige bei. Der Antrag auf Befürwortung eines Anleihe- oder Kreditvorhabens gilt als abgelehnt, wenn 3 Mitglieder gegen ihn stimmen.

D. Schlußbestimmungen.

X.

Die Abdeckung kurzfristiger, vor dem Inkrafttreten dieser Richtlinien begründeter Verbindlichkeiten kann als außerordentlicher Bedarf im Sinne der Nr. I Abs. 1 angesehen werden.

XI.

Falls die landesgesetzlichen Vorschriften von den Richtlinien zwar abweichen, aber eine im Erfolg gleiche Einwirkung auf die Gemeinden (z. B. Einspruch an Stelle vorheriger Genehmigung) gewährleisten, ist die Landesregierung nicht verpflichtet, auf ihre Änderung hinzuwirken. Weitergehende landesgesetzliche Vorschriften bleiben unberührt.

XII.

(1) Als Landesregierung im Sinne dieser Richtlinien gelten auch die Landesbehörden, denen nach den Landesgesetzen die Ausübung der in den

Richtlinien bezeichneten Befugnisse übertragen ist. Die Landesregierungen können die ihnen nach den Richtlinien zustehenden Aufgaben auf nachgeordnete Behörden übertragen.

(2) Den Gemeinden im Sinne dieser Richtlinien stehen die Gemeindeverbände und sonstige öffentlich-rechtliche Gebietskörperschaften gleich.

XIII.

Die Richtlinien gelten zunächst nicht für Versorgungsbetriebe mit eigener Rechtspersönlichkeit und Dachgesellschaften von Versorgungsbetrieben, auf deren Geschäftsführung Gemeinden und Gemeindeverbände maßgebenden Einfluß haben.

XIV.

Die Regierungen der Länder werden auf die Hypothekenbanken einwirken, daß sie eine zwischen dem Reichsminister der Finanzen und dem Centralverband des Deutschen Bank- und Bankiergewerbes, Sonderausschuß für das Hypothekenbankwesen, abzuschließende Vereinbarung über die Ausgabe von Kommunalobligationen beachten. Dieses Abkommen wird besagen:

1. Die Hypothekenbanken werden den Auslandsverkauf geschlossener Posten von Kommunalobligationen dann nicht vornehmen, wenn die Beratungsstelle einen solchen Verkauf nicht befürwortet.
2. Die Hypothekenbanken werden bei der Ausgabe von Kommunalobligationen im Inlande die von dem Reichsminister der Finanzen im Einvernehmen mit dem Reichswirtschaftsminister und dem Reichsbank-Direktorium hinsichtlich Zinsfuß und Ausgabekurs mitgeteilten Empfehlungen beachten.

Hypothekenbanken und hypothekenbankähnliche Institute, die dem Centralverband des Deutschen Bank- und Bankiergewerbes nicht angehören, werden von den Landesregierungen dazu angehalten werden, in der gleichen Weise zu verfahren.

XV.

(1) Die Richtlinien gelten bis zum 1. April 1933.

(2) Die Reichsregierung kann die durch die Richtlinien getroffenen Vereinbarungen kündigen, wenn wesentliche Bestimmungen verletzt werden.

Anlage B.

Zustimmungserklärung der Länder.

Die Regierungen der Länder geben bei der Zustimmung zu den Richtlinien für das Schuldenwesen der Gemeinden und für deren Gültigkeitsdauer folgende Erklärung ab:

1. Die Regierungen der Länder werden vor der Aufnahme von für den öffentlichen Markt bestimmten Inlandsanleihen der Länder der beim Reichsfinanzministerium bestehenden Beratungsstelle die Vertragsbestimmungen und sonstige für die Berechnung der Belastung erforderliche Unterlagen zuleiten und ihre Stellungnahme zu der Frage einholen, ob die

Bedingungen der Anleihe den Grundsätzen der pfleglichen Behandlung des Geld- und Kapitalmarktes entsprechen. Für die Zusammensetzung der Beratungsstelle und das Verfahren vor dieser gelten die Bestimmungen der Richtlinien über die Aufnahme von Auslandskrediten vom 21. Oktober 1927. Die Beratungsstelle ist gehalten, den Antrag einer Landesregierung auf Erstattung eines Gutachtens spätestens binnen zwei Wochen nach Eingang des Antrages und der für die Beurteilung des Anleihevorhabens angeforderten Unterlagen zu erledigen. Eine Prüfung des Verwendungszwecks findet nicht statt.

Das gleiche wie für eigene Anleihen gilt für solche für den öffentlichen Markt bestimmte Inlandsanleihen, für deren Sicherstellung ein Land eine Bürgschaft, Garantie oder dergleichen übernimmt oder bei denen eine Bürgschaft, Garantie oder dergleichen eines Landes wirksam wird. Ausgenommen sind Rentenbriefanleihen und Pfandbriefanleihen öffentlichrechtlicher Kreditanstalten (Gesetz über die Pfandbriefe und verwandten Schuldverschreibungen öffentlichrechtlicher Kreditanstalten vom 21. Dezember 1927 — Reichsgesetzbl. I S. 492 —).

2. Der Reichsminister der Finanzen kann die in Nr. VIII der Richtlinien für das Schuldenwesen der Gemeinden vorgesehene Anzeige auch auf die Kredite der Länder erstrecken.

3. Für die Auslandskredite der Länder bleiben die Richtlinien über die Aufnahme von Auslandskrediten vom 21. Oktober 1927 mit der Maßgabe wirksam,

a) daß die Beratungsstelle gehalten ist, den Antrag einer Landesregierung auf Erstattung eines Gutachtens gemäß C der Richtlinien spätestens binnen zwei Wochen nach Eingang des Antrages und der für die Beurteilung des Anleihe- oder Kreditvorhabens angeforderten Unterlagen zu erledigen, und

b) daß die Beratungsstelle den Verwendungszweck nicht prüft, wenn die Landesregierung die Erklärung abgibt, daß er den Anforderungen der Richtlinien entspricht.

Die Reichsregierung erklärt, daß die für die Länder vorgesehenen Bestimmungen sinngemäß auch für das Reich gelten.

Anlage C.

Richtlinien über die Aufnahme von Auslandskrediten durch Länder, Gemeinden und Gemeindeverbände.

Vom 21. Okt. 1927.

A.

I. Die Länder sind sich darüber einig, daß wirtschafts- und währungspolitische Gründe die äußerste Beschränkung bei der Aufnahme von Auslandskrediten durch öffentliche Verbände gebieten. Die Länder verpflichten sich daher gegenseitig, vorläufig auf 2 Jahre, bei der Aufnahme von kurz- und langfristigen Auslandskrediten die nachfolgenden Richtlinien einzuhalten und ihre Beachtung zu sichern.

II. Die Richtlinien gelten

1. für die Auslandskredite der Länder, Gemeinden und Gemeindeverbände, mögen sie unmittelbar aufgenommen oder mittelbar durch öffentlich-rechtliche oder private Geldanstalten oder durch kommunale Giroverbände oder in anderer Weise beschafft werden,
2. für den Auslandsverkauf geschlossener Posten Kommunalobligationen solcher Kreditinstitute, zu deren Aufgaben die Befriedigung des kommunalen Kreditbedarfs gehört,
3. für die Bürgschaften und Sicherheiten, die zugunsten Dritter von Ländern, Gemeinden und Gemeindeverbänden, sei es dem Geldgeber oder dem Geldsuchenden gegenüber, gestellt werden, sowie für Auslandskredite, für die eine von einem Lande oder einer Gemeinde oder einem Gemeindeverband bereits gestellte Bürgschaft oder Sicherheit wirksam wird, ausgenommen der Fall, daß es sich um den Verkauf von Schuldverschreibungen öffentlich-rechtlicher Kreditanstalten zugunsten des Hypothekarkredits handelt, es sei denn, daß der Erlös für industrielle Beleihung Verwendung finden soll.

III. Die Aufnahme einer der vorstehend erwähnten Auslandskredite darf grundsätzlich nur erfolgen, wenn nicht nur die unter B und C aufgestellten Bedingungen beachtet werden, sondern auch die wirtschafts- und währungspolitischen Verhältnisse dies gestatten.

B.

Als verhältnismäßig unbedenklich gilt die Aufnahme von Auslandskrediten, die die nachstehenden Bestimmungen unter I—IV erfüllen; sie sind dem unter C dargestellten Verfahren nur dann unterworfen, wenn die Beratungsstelle aus wirtschafts- und währungspolitischen Gründen ihre Beratung für erforderlich hält und dementsprechend die Länder unterrichtet hat.

I. Form des Kredits.

1. Langfristige, d. h. auf mindestens 10 Jahre abgeschlossene, jedoch spätestens nach 5 Jahren vom Schuldner kündbare Anleihen;
2. kurzfristige, auf längstens 1 Jahr abgeschlossene, nur der vorübergehenden Verstärkung der Betriebsmittel dienende Auslandskredite der Länder, soweit durch ausdrückliche Erklärung gegenüber der Beratungsstelle die Gewähr übernommen wird, daß die Rückzahlung bei Fälligkeit gesichert ist und die Umwandlung in eine langfristige Anleihe nicht in Betracht kommt. (Der Nennbetrag, die Bedingungen und die Kreditgeber sind der Beratungsstelle spätestens 8 Tage nach Abschluß mitzuteilen.)
3. Die kurzfristigen Auslandskredite der Gemeinden und Gemeindeverbände sind in jedem Falle dem unter C dargestellten Verfahren unterworfen.

II. Höchstbelastung.

Die von der Beratungsstelle gemäß D Abs. 4 festzusetzende jährliche Höchstbelastung, berechnet auf Grundlage des Nettoerlöses unter Berücksichtigung des Disagios bei der Ausgabe auch in Hinsicht auf die Tilgungsbedingungen, der Vermittlerprovision und aller sonstigen Spesen darf nicht überschritten werden.

III. Verwendungszweck der Auslandskredite.

1. Die von Ländern, Gemeinden oder Gemeindeverbänden aufzunehmenden Auslandskredite müssen für eigene Zwecke des Kreditnehmenden oder eines der unter A genannten öffentlichen Verbände bestimmt sein. Sie dürfen insbesondere nicht an physische oder juristische Personen des Privatrechts weitergegeben werden.
2. Die Auslandskredite müssen, unbeschadet der Bestimmung unter B I 2, unmittelbar produktiven Zwecken dienen, d. h. nur solchen werbenden Anlagen, die durch unmittelbare Erzeugung von Werten die Verzinsung und Amortisation des investierten Kapitals aus eigenen Einnahmen gewährleisten, ohne daß allgemeine Einnahmen des öffentlichen Verbands in Anspruch genommen werden. Wesentlich ist dabei, daß die Anlagen, sei es durch Hebung der Ausfuhr oder Eindämmung der Einfuhr, sei es in anderer Weise unmittelbar oder mittelbar der Förderung der Gesamtwirtschaft des Reiches dienen; örtliche Interessen sind nicht ausschlaggebend.
3. Die Anlagen müssen in dem Sinne dringlich sein, daß die geplanten Ausgaben nicht zurückgestellt werden können.

IV. Sicherstellung der Auslandskredite.

Die Bedingungen dürfen keine speziellen Pfänder irgendwelcher Art vorsehen, ebenso keine Verbindung mit anderen Geschäften, wie z. B. Verkäufen von Produkten aus staatlichen Unternehmen.

C.

Vor der Aufnahme der unter A II fallenden Auslandskredite, falls sie von den unter B I—IV genannten Bedingungen abweichen, oder falls die Beratungsstelle aus wirtschafts- und währungspolitischen Gründen die Beratung für erforderlich hält und dementsprechend die Länder unterrichtet hat (B Abs. 1), sowie vor den Auslandsverkäufen von Kommunalobligationen und vor der Aufnahme von Auslandskrediten, die mit Bürgschaften oder Sicherheiten gemäß A II 3 ausgestattet sind, hat die beteiligte Landesregierung auch für die ihr zugehörigen Gemeinden oder Gemeindeverbände, Girozentralen und sonstigen unter A II aufgeführten Kreditinstitute, das Gutachten der Beratungsstelle einzuholen, die den in Frage kommenden Kredit nicht nur auf seine Unbedenklichkeit, sondern auch unter Berücksichtigung der wirtschafts- und währungspolitischen Verhältnisse zu prüfen hat. Bei der Prüfung der Anleihezwecke soll die Beratungsstelle grundsätzlich die unter B III aufgestellten Richtlinien beachten.

Die Länder sind berechtigt, die geplante Kreditaufnahme vor der Beratungsstelle mündlich zu vertreten. Holt ein Land ein Gutachten für eine ihr zugehörige Gemeinde usw. (Abs. 1) ein, so ist dem Antrag eine eigene Stellungnahme beizufügen.

D.

Die Beratungsstelle ist ein aus Sachverständigen bestehender Vertrauensausschuß der Länder. Er setzt sich wie folgt zusammen:

1. Ein vom Reichsminister der Finanzen zu bestellender Sachverständiger als Vorsitzender,
2. ein vom Reichswirtschaftsminister zu bestellender Sachverständiger,
3. ein vom Reichsbank-Direktorium zu bestellender Sachverständiger;

als von den Ländern bestellter Sachverständiger:

4. der Präsident der Preußischen Staatsbank,
5. der Präsident der Bayerischen Staatsbank,
6. jeweils ein staatlicher Vertreter des ein Gutachten einholenden Landes.

Für die unter 1—5 genannten Sachverständigen können Stellvertreter ernannt werden; die zu 4 und 5 genannten Sachverständigen ernennen ihre Stellvertreter selbst. Die Entschließungen der Beratungsstelle erfolgen mit Stimmenmehrheit. In Geschäftsordnungsfragen gibt bei Stimmengleichheit die Stimme des Vorsitzenden den Ausschlag. Die Geschäftsführung liegt beim Reichsfinanzministerium. Die Beratungsstelle gibt sich eine Geschäftsordnung, die dem Reichsrat mitzuteilen ist.

Wird ein Antrag auf Befürwortung eines Anleihevorhabens gegen die Stimme eines der unter 1—3 genannten Sachverständigen angenommen, so kann der in der Minderheit gebliebene Sachverständige in der Sitzung eine nochmalige Beratung des Antrages verlangen. Ein solches Verlangen kann auch der Vertreter des das Gutachten einholenden Landes stellen, wenn die Beratungsstelle den zur Begutachtung gestellten Auslandskredit ganz oder teilweise nicht befürwortet hat; dieses Verlangen muß innerhalb von 3 Werktagen gestellt werden. In diesen Fällen tritt an die Stelle der Sachverständigen unter 1—3 der Reichsminister der Finanzen, der Reichswirtschaftsminister und der Präsident des Reichsbank-Direktoriums. Die Reichsminister und der Präsident des Reichsbank-Direktoriums können sich nur durch ihren jeweils ständigen Vertreter vertreten lassen. Die nochmalige Beratung soll innerhalb einer Woche nach der ersten Beratung stattfinden. Bei der nochmaligen Beratung wird stets über den Antrag als ganzen beraten. Die Mitglieder der Beratungsstelle sind zur Geheimhaltung der Verhandlungen verpflichtet, insbesondere sind das Stimmenverhältnis bei Beschlußfassungen und die Person des Sachverständigen, der die nochmalige Beratung eines Antrages verlangt hat, geheim zu halten.

Die Befürwortung eines Anleihevorhabens gilt erst als erfolgt, wenn die Geschäftsführung dem das Gutachten einholenden Lande eine entsprechende Mitteilung gemacht hat; die die Stellungnahme der Beratungsstelle im einzelnen darlegenden Gutachten sind dem Reichsminister der Finanzen und der Regierung des in Betracht kommenden Landes mit möglichster Beschleunigung zu übermitteln.

Die Beratungsstelle hat die unter B genannten Bedingungen an Hand der Entwicklung dauernd auf ihre Unbedenklichkeit zu prüfen und gegebenenfalls den Ländern Änderungsvorschläge zu machen. Die Höchstsätze für die Belastung durch den Kredit (B II) werden von den ständigen Mitgliedern der Beratungsstelle nach Lage der Verhältnisse selbständig festgesetzt. Die Beratungsstelle hat ferner die Aufgabe, den ausländischen Kapitalmarkt zu beobachten und nach Möglichkeit Auskünfte zu erteilen, z. B. über die Vertrauenswürdigkeit von Kreditvermittlern. Die Länder sind verpflichtet die Beratungsstelle laufend über ihre Erfahrungen zu unterrichten und ihr den Nennbetrag, die Bedingungen, den Verwendungszweck und die Geldgeber der von ihnen oder den ihnen zugehörigen öffentlichen Verbänden, Girozentralen und sonstigen unter A genannten Kreditinstituten aufgenommenen Auslandskredite, soweit sie nicht ohnehin zur Kenntnis der Beratungsstelle zu bringen sind, mitzuteilen. Die Beratungsstelle hat ihre Erfahrungen für die Länder nutzbar zu machen.

Anlage D.

Richtlinien für das Schuldenwesen der Gemeinden.

RdErl. d. d. MdJ. u. d. FM. v. 5. April 1931 — IV a I 669/30 u. I E 170 c/31.

Nachstehend werden die zwischen der Reichsregierung und den Regierungen der deutschen Länder vereinbarten Richtlinien für das Schuldenwesen der Gemeinden veröffentlicht (Anlage a).

In der Einleitung der Richtlinien haben sich die Regierungen aller deutschen Länder zur Einhaltung der Richtlinien und Sicherung ihrer Durchführung verpflichtet. Die in Preußen hierzu — insbesondere zur Durchführung der Nr. IV — erforderlichen gesetzlichen Maßnahmen sind in die Wege geleitet. Die Bindungen, die die Richtlinien für Länder und Gemeinden mit sich bringen, bedeuten ein Opfer, das im Interesse der gesamten Volkswirtschaft, letzten Endes aber auch im richtig verstandenen Interesse des kommunalen Kredites gebracht werden mußte. Wir erwarten daher von allen beteiligten Behörden, auch von den Beschlußbehörden, daß sie bei allen Entscheidungen die Richtlinien einhalten. Die Vorsitzenden der Beschlußbehörden haben gegen Entscheidungen, die den Richtlinien nicht entsprechen, Offizialbeschwerde einzulegen. Die Kommunalaufsichtsbehörden werden ersucht, nach den Richtlinien zu verfahren.

Die Richtlinien gelten für Gemeinden, Gemeindeverbände und sonstige öffentlich-rechtliche Gebietskörperschaften (XII Abs. 2) sowie für kommunale Giroverbände und kommunale Kreditinstitute, soweit diese für den öffentlichen Markt bestimmte Anleihen mit Ausnahme von Pfandbriefanleihen aufnehmen (IV Abs. 4).

A. Allgemeine Bestimmungen über die Schuldenaufnahme.

Die Bestimmungen dieses Abschnittes gelten sowohl für den Inlandskredit als auch für den Auslandskredit. Unberührt bleiben die besonderen Vorschriften über die Aufnahme von Auslandskrediten, also insbesondere das Gesetz, betr. ausländischen Kommunalkredit v. 9. 7. 1925 (GS. S. 89) nebst Ausf.-Anw. v. 30. 7. 1925 (MBliV. S. 835) sowie die mit RdErl. v. 4. 5. 1928 veröffentlichten Richtlinien über die Aufnahme von Auslandskrediten (MBliV. S. 501) in der durch die nachstehend veröffentlichten Richtlinien für das Schuldenwesen veränderten Form (vgl. IX).

Von den Richtlinien werden erfaßt:

1. Kredite,
2. Bürgschaften, Gewährverträge, Bestellung von Sicherheiten,
3. Umgehungsgeschäfte.

1. Kredite.

a) Wenn in den Richtlinien über das Schuldenwesen der Gemeinden an verschiedenen Stellen die Bezeichnungen „Anleihe, Darlehen" und „Kredit" nebeneinander gebraucht werden, so soll mit diesen nur sprachlich verschiedenen Ausdrucksformen kein begrifflicher Unterschied gemacht werden. Unter die Richtlinien fallen alle Kredite, lang-, mittel- und kurzfristige mit alleiniger Ausnahme der inländischen „Kassenkredite". Die Begriffsbestimmung des Kassenkredites in I Abs. 2a entspricht im wesentlichen der im RdErl. v. 1. 8. 1925 (MBliV. S. 857) und in § 1 des Ges., betr. ausländischen Kommunalkredit, v. 9. 7. 1925 (GS. S. 89) enthaltenen Begriffsbestimmung und ist damit enger als die in der Rechtsprechung des Reichsgerichts (RGZ. Bd. 122 S. 176) erfolgte Umschreibung des Kassenkredites (nicht veröffentl. RdErl. v. 7. 5. 1930 — IV a I 307). Ausschließlich Kassenkredite in diesem Sinne, die im Inlande aufgenommen werden, sollen nach IV Abs. 2 der Richtlinien der Genehmigung nicht unterworfen sein. Jede andere Kreditaufnahme soll nach IV Abs. 1 der Genehmigung der Landesregierung oder der von ihr beauftragten Stellen (XII), also der Beschlußbehörden, unterliegen. Die Aufnahme von Kassenkrediten im Auslande ist nach wie vor gemäß § 1 des Gesetzes über den ausländischen Kommunalkredit der Genehmigung der Aufsichtsbehörde unterworfen. Bis zum Inkrafttreten einer der Begriffsbestimmung unter I Abs. 2a entsprechenden landesgesetzlichen Regelung wird den Beschlußbehörden empfohlen, sich die frühere und zukünftige engere Auslegung des Begriffs des Kassenkredites zu eigen zu machen und die Beschlußfassung über etwaige Anträge auf Genehmigung kurzfristiger Kredite im Vorgriff auf rechtsverbindlich zugesagte und genehmigte langfristige Anleihen (I Abs. 2b) nicht deshalb abzulehnen, weil nach der vom Reichsgericht vertretenen Auffassung ihre Genehmigung nicht erforderlich sei.

b) Sachliche Grundsätze für die Aufnahme von Krediten.

Da der inländische und ausländische Geld- und Kapitalmarkt auf das engste verflochten und praktisch nicht zu trennen sind, wird in I Abs. 1 der für den Auslandskredit von jeher geltende Grundsatz, daß Anleihen nur für werbende Zwecke aufgenommen werden sollen, auch für den Inlandskredit als Grundsatz aufgestellt. Die Aufstellung dieses Grundsatzes bedeutet zwar keine starre Bindung der Genehmigungsbehörden in jedem Einzelfall. Für besonders begründete Fälle läßt die Fassung „im allgemeinen nur für werbende Zwecke" Abweichungen zu. Immerhin wird in der heutigen Zeit angespannter Finanzlage der Grundsatz regelmäßig Beachtung finden müssen, daß der Etat und der Markt nicht durch unrentable Anleihen belastet werden sollen.

Anleihen sollen nur zur „Deckung außerordentlichen Bedarfs" aufgenommen werden. Darunter sind solche Ausgaben zu verstehen, die auf den außerordentlichen Haushaltsplan gehören, d. h. es wird der selbstverständlich und von jeher geltende Grundsatz aufgestellt, daß Anleihen zur Deckung laufender Ausgaben nicht in Anspruch genommen werden dürfen. Als außerordentlicher Bedarf kann die Abdeckung kurzfristiger, vor dem Inkrafttreten der Richtlinien für das Schuldenwesen der Gemeinden begründeter Verbindlichkeiten angesehen werden (X). Dem materiellen Grundsatz, daß Anleihen nicht für laufende Ausgaben aufgenommen werden dürfen, entspricht in formeller Beziehung die Verpflichtung, daß Anleihen nicht auf dem ordentlichen Haushaltsplan, sondern in Einnahme und Ausgabe auf dem außerordentlichen Haushaltsplan verbucht werden (II).

Anleihen dürfen nur für die genehmigten Zwecke verwandt werden. Die Vorsitzenden der Beschlußbehörden werden ersucht, darauf hinzuwirken, daß jeweils bei der Genehmigung von Anleihen entsprechende Auflagen gemacht werden. Die Aufsichtsbehörden haben in geeigneter Weise nachzuprüfen, daß einer solchen Auflage entsprochen wird.

Besonderer Wert wird auf die

c) Sicherheit der Rückzahlung bei Fälligkeit gelegt, die — abgesehen von einer regelmäßigen Tilgung — insbesondere gesehen wird: in der Ansammlung eines Tilgungsfonds; bei kurzfristigen Anleihen in der bestimmten Aussicht der Konsolidierung in eine langfristige Tilgungsanleihe; bei Kassenkrediten in ordentlichen Einnahmen (I Abs. 2).

d) Verbot der Spezialverpfändung.

Die Bestimmung unter III der Richtlinien entspricht der von uns stets vertretenen Auffassung und dem mit RdErl. v. 27. 1. 1925 (MBliV. S. 134) unter I 3 ausgesprochenen Grundsatz des Verbots der Spezialverpfändung. Ausgenommen sind die Fälle, die auch von uns bereits als der Verkehrsübung entsprechend für zulässig gehalten worden sind. Wir ersuchen, wie bisher so auch in Zukunft hiernach zu verfahren. Die in dem RdErl. v. 11. 3. 1926 — IV a I 296 (nicht veröffentl.) — vorgeschriebene zeitliche Beschränkung und besondere Genehmigung der Spezialverpfändung durch die Aufsichtsbehörden werden aufgehoben. Über die Zulassung der Spezialverpfändung ist, da es sich um eine Anleihebedingung handelt, im Einzelfalle durch die Beschlußbehörde anläßlich der Genehmigung der Anleihe zu entscheiden. Für Inhaberanleihen und Auslandsanleihen jeder Art gilt das Verbot der Spezialverpfändung ausnahmslos weiter.

In III Abs. 2 stellen sich die Reichsregierung und die Gesamtheit der Länderregierungen auf den Standpunkt, daß, wie jeder private Gläubiger, so auch öffentlich-rechtliche Anstalten von den Gemeinden keine Spezialverpfändungen, die nicht der Verkehrsübung entsprechen, und Bürgschaften anderer Gemeinden verlangen sollen. Die Kommunalaufsichtsbehörden werden ersucht, mir, dem MdJ., über jeden Fall zu berichten, in dem seitens öffentlich-rechtlicher Anstalten entgegen diesem Grundsatz verfahren wird.

e) Fälle, in denen durch die Aufnahme einer Anleihe seitens eines Dritten die Bürgschaft oder Garantie einer

Gemeinde oder eines Gemeindeverbandes wirksam wird, ohne daß es einer besonderen Gemeindebeschlußfassung bedarf:

Das kann beispielsweise der Fall sein, wenn ein Provinzialverband kraft Satzung für die Anleihen der Stadtschaft oder Landesbank oder eine Stadtgemeinde kraft besonderen Vertrages für die Verbindlichkeiten eines in Privatrechtsform betriebenen städtischen Werkes haftet. Die Bestimmung (V) hat praktische Bedeutung nur in den Fällen, daß für den öffentlichen Markt bestimmte Anleihen des Dritten nicht schon als solche einer Genehmigung unterliegen, wie die Ausgabe von Schuldverschreibungen auf den Inhaber gemäß § 795 BGB. In solchen Fällen soll der Dritte vor der Aufnahme der Anleihe ein Unschädlichkeitsattest der Landesregierung nachsuchen.

2. Übernahme von Bürgschaften und Verpflichtungen aus Gewährverträgen sowie die Bestellung anderer Sicherheiten (IV Abs. 1).

Unterschied zwischen Bürgschaftsvertrag und Gewährvertrag: Im Bürgschaftsvertrag verpflichtet sich der Bürge gegenüber dem Gläubiger eines Dritten für die Erfüllung der Verbindlichkeit des Dritten einzustehen (§ 765 BGB.). Die Verpflichtung aus dem Gewährvertrag geht nicht auf die Erfüllung der Verbindlichkeit des Hauptschuldners, ihr Gegenstand ist vielmehr die sachliche Haftung für einen bestimmten Erfolg, für ein bestimmtes Verhalten des Schuldners, die Übernahme einer Gefahr oder eines Schadens, die aus dem Schuldverhältnis mit einem Dritten entstehen können.

Alle diese Rechtsgeschäfte sind nach den Richtlinien genehmigungspflichtig. Die Bestimmung unter IV schafft kein unmittelbar geltendes Recht, ändert also die Vorschriften der einzelnen Gemeindeverfassungsgesetze nicht ab. Die zur Angleichung des Preuß. Landesrechts an IV der Richtlinien notwendige landesgesetzliche Neuregelung, die bereits in die Wege geleitet ist, wird eine Erweiterung gegenüber dem jetzigen Rechtszustande enthalten, da nach dem jetzt geltenden Recht die Übernahme von Verpflichtungen aus Gewährverträgen und die Übernahme sonstiger Sicherheiten nirgends, die Übernahme von Bürgschaften nicht überall genehmigungspflichtig ist. Vor Inkrafttreten der landesgesetzlichen Neuregelung sind die Beschlußbehörden nicht in der Lage, die Übernahme solcher Verpflichtungen zu genehmigen, soweit sie nicht schon nach dem geltenden Rechtszustande genehmigungspflichtig sind, wie z. B. Bürgschaften bei Landkreisen und Provinzen sowie bei Landgemeinden im Bereich der Landgemeindeordnung für die östlichen Provinzen, die Provinz Hessen-Nassau und die Hohenzollerischen Lande — bei diesen als „neue Belastung ohne gesetzliche Verpflichtung" — (RdErl. v. 30. 3. 1928, MBliV. S. 353).

Für den Fall indessen, daß schon vor entsprechender Erweiterung der landesgesetzlichen Vorschriften von geldgebenden Stellen eine Genehmigung noch nicht genehmigungspflichtiger Rechtsgeschäfte gefordert wird, ersuchen wir die Aufsichtsbehörden auf Antrag der Gemeinde in eine Nachprüfung der Angelegenheit einzutreten und, wenn die Sachlage es gestattet, Bescheinigungen des Inhalts zu erteilen, daß nach der bestehenden Gesetzeslage die Genehmigung zwar nicht in Frage komme, gegen die Übernahme der Verpflichtung von Aufsichts wegen aber keine Bedenken zu erheben seien.

3. Umgehungsgeschäfte.

Genehmigungspflichtig sind auch Rechtsgeschäfte, die, wirtschaftlich gesehen, für die Gemeinden und Gemeindeverbände im wesentlichen den gleichen Erfolg haben wie die unter 1 und 2 behandelten Kredite, Bürgschaften, Gewährverträge und sonstige Bestellung von Sicherheiten, und die in der Absicht geschlossen werden, die für diese Rechtsgeschäfte erforderliche Genehmigung zu umgehen. Die Absicht einer solchen Umgehung liegt dann vor, wenn das betreffende Rechtsgeschäft einen Mißbrauch der Formen und Gestaltungsmöglichkeiten des Rechts darstellt. Das Vorliegen einer Umgehungsabsicht wird jedenfalls dann nicht angenommen werden können, wenn es sich um im Rahmen der laufenden Verwaltung abzuschließende, ihrer Natur nach regelmäßig wiederkehrende Geschäfte handelt. Solche Geschäfte, sofern sie nicht eine Bürgschaft, Gewähr oder Stellung einer Sicherheit für einen Auslandskredit darstellen, unterliegen daher nach IV Abs. 2 nicht der Genehmigung. Eine Umgehung kann insbesondere darin erblickt werden, daß auf Grund eines Werkvertrages ein Geldbetrag kreditiert wird. Ob hiernach ein Rechtsgeschäft als Umgehungsgeschäft im Sinne von IV Abs. 3 der Richtlinien zu behandeln und demgemäß ein Gutachten des Kreditausschusses und die Genehmigung herbeizuführen ist oder nicht, hat in Zweifelsfällen die Aufsichtsbehörde zu entscheiden.

B. Schuldenaufnahme im Inlande.

Die Nr. VI und VII enthalten Verfahrensvorschriften, die den Zweck haben, eine einheitliche Kontrolle über die für den öffentlichen Markt bestimmten kommunalen Anleihen zu sichern. Ein einheitliches Vorgehen und die Sicherung einer pfleglichen Behandlung des Geld- und Kapitalmarktes soll in erster Linie erfolgen durch die von den Gemeinden und Gemeindeverbänden unter eigener Verantwortung geschaffene kommunale Kreditorganisation. Die kommunalen Kreditausschüsse (RdErl. v. 14. 2. 1930, MBliV. S. 115) für Schuldscheindarlehen bleiben wie bisher den Genehmigungsbehörden vorgeschaltet. Die bestehende Organisation wird nunmehr weiter ausgebaut in der Richtung, daß neue zentrale Kreditausschüsse zum Zwecke der Begutachtung der für den öffentlichen Markt bestimmten Anleihen geschaffen werden. Durch die kommunalen Spitzenverbände sind je ein zentraler Kreditausschuß seitens des Deutschen Städtetages, des Reichsstädtebundes, des Landkreistages und des Verbandes der preußischen Provinzen gebildet worden. Außerdem sind durch den Deutschen Sparkassen- und Giroverband und den Verband deutscher öffentlich-rechtlicher Kreditanstalten ein zentraler Ausschuß zur Begutachtung der Sammelinhaberanleihen der Deutschen Girozentrale und ein Prüfungsausschuß zur Begutachtung von Inhaberanleihen der Landesbanken, Provinzialbanken und provinziellen Girozentralen gebildet worden.

Genehmigungspflichtigen Anträgen ist das befürwortende Gutachten des zuständigen Kreditausschusses beizufügen. Anträge, die ohne ein solches Gutachten eingereicht werden, sind ohne weiteres abzulehnen. Die Beibringung des befürwortenden Gutachtens des zentralen Kreditausschusses bedeutet die im Benehmen mit den Reichs- und Landes-Zentralbehörden getroffene Feststellung, daß dem Antrage mit Rücksicht auf eine pflegliche Behandlung des Geld- und Kapitalmarktes oder aus finanz- oder währungspolitischen Gründen Bedenken nicht entgegenstehen. Im übrigen bleibt den Genehmigungsbehörden die selbstverantwortliche Prüfung des Antrages, insbesondere auch seiner Dringlichkeit.

Dem Grundsatz der pfleglichen Behandlung des Geld- und Kapitalmarktes entspricht es, daß die für den Gesamtkredit verantwortliche Stelle, nämlich der Reichsfinanzminister, im Einvernehmen mit dem Reichswirtschaftsminister und dem Reichsbankdirektorium, berechtigt ist, den Landesregierungen und den zentralen Kreditausschüssen Anzeige zu machen, daß die Verhältnisse des Geld- und Kapitalmarktes eine Zurückhaltung bei der Genehmigung von Krediten erfordern. Eine solche Warnung kann ausgesprochen werden ganz allgemein oder nur hinsichtlich der Kredite bestimmter Art, z. B. der für den öffentlichen Markt bestimmten oder auch nur für bestimmte Wirtschaftsgebiete.

Für den Fall, daß seitens des Reichsfinanzministers eine Anzeige im Sinne von VIII der Richtlinien ergeht, erfolgen weitere Weisungen.

C. Schuldenaufnahme im Auslande.

In Nr. IX ist die Weitergeltung der Richtlinien über die Aufnahme von Auslandskrediten durch Länder, Gemeinden und Gemeindeverbände — veröffentlicht durch RdErl. v. 4. 5. 1928 (MBliV. S. 501) — vereinbart worden mit der wichtigen materiellen Änderung, daß die Beratungsstelle für Auslandskredite in Zukunft von der Prüfung des Verwendungszweckes des einzelnen Anleihevorhabens absehen wird, wenn die das Gutachten einholende Landesregierung erklärt, daß der Verwendungszweck den Anforderungen der Richtlinien, die im übrigen materiell unverändert in Geltung bleiben, entspricht, also produktiv und dringlich ist.

Ferner ist in der Zusammensetzung der Beratungsstelle für Auslandskredite insoweit eine Änderung eingetreten, als zwei von den kommunalen Spitzenverbänden und Fachverbänden gemeinsam zu bestellende Finanzsachverständige der Beratungsstelle für Auslandskredite hinzutreten. Durch diesen Hinzutritt kommunaler Finanzsachverständiger einerseits und die in Nr. VII vorgesehene Teilnahme von Vertretern des Reichsfinanzministers, des Reichswirtschaftsministers und des Reichsbankdirektoriums sowie der Landesregierung an den zentralen kommunalen Kreditausschüssen andererseits wird die im Hinblick auf die Verflechtung des Inlands- und Auslandsmarktes sachlich gebotene Einheitlichkeit in der Behandlung der Inlands- und Auslandsanleihen sichergestellt und gleichzeitig auch hier die Selbstverantwortung der Kommunalkreditorganisation eingeschaltet. Die Richtlinien über die Aufnahme von Auslandskrediten in ihrer neuen Fassung sind als Anlage b veröffentlicht.

Anlage E.

Entwurf eines Gesetzes über die Aufnahme von Anleihen und Darlehen sowie die Übernahme von Bürgschaften und Verpflichtungen aus Gewährverträgen und von anderen Sicherheiten durch Gemeinden und Gemeindeverbände vom .... 1931.

Der Landtag hat folgendes Gesetz beschlossen:

§ 1.

(1) Gemeinden und Gemeindeverbände bedürfen zur rechtswirksamen Aufnahme von Anleihen und Darlehen, zur rechtswirksamen Übernahme von Bürgschaften und Verpflichtungen aus Gewährverträgen und zur rechtswirksamen Bestellung anderer Sicherheiten der vorherigen Genehmigung durch die Beschlußbehörde. Als Anleihe oder Darlehen im Sinne dieses Gesetzes ist die Aufnahme jeder Art von Kredit anzusehen.

(2) Der Genehmigung bedürfen nicht:

a) vorübergehende aus ordentlichen Einnahmen des laufenden Haushaltsjahres oder sonst innerhalb von 9 Monaten aus ordentlichen Einnahmen zu deckende Kredite (Kassenkredite, Betriebskredite),

b) im Rahmen der laufenden Verwaltung abzuschließende, ihrer Natur nach regelmäßig wiederkehrende Geschäfte,

sofern es sich nicht unmittelbar oder mittelbar um die Aufnahme von Auslandskrediten handelt.

(3) Der Genehmigung unterliegen auch Rechtsgeschäfte, mit denen durch Mißbrauch von Formen und Gestaltungsmöglichkeiten des Rechts die Genehmigung umgangen werden soll. Eine solche Umgehung liegt insbesondere dann vor, wenn durch das gewählte Rechtsgeschäft nach Lage der Verhältnisse wirtschaftlich für die Gemeinden im wesentlichen derselbe Erfolg erzielt werden soll, der erzielt würde, wenn eine der Aufnahme einer Anleihe oder eines Darlehens, der Übernahme einer Bürgschaft oder Gewähr oder der Stellung einer Sicherheit entsprechende rechtliche Gestaltung gewählt worden wäre. Dies gilt auch, wenn für die Errichtung, die Instandsetzung oder den Ausbau dauernder Anlagen oder anderer Werke ein Geldbetrag geschuldet und die Zahlung nicht auf Grund eines Anleihe- oder Darlehensvertrages, sondern in anderer rechtsgeschäftlicher Form kreditiert wird.

§ 2.

Die Vorschriften des § 1 gelten auch für kommunale Giroverbände oder kommunale Kredit-Institute, soweit sie für den öffentlichen Markt bestimmte Anleihen aufnehmen. Dies gilt nicht für Pfandbriefanleihen öffentlich-rechtlicher Kreditanstalten (Gesetz über die Pfandbriefe und verwandten Schuldverschreibungen öffentlich-rechtlicher Kreditanstalten vom 27. Dezember 1927 — Reichsgesetzbl. I S. 492 —).

§ 3.

Die zwischen der Reichsregierung und den Ländern vereinbarten Richtlinien für das Schuldenwesen der Gemeinden und über die Aufnahme von Auslandskrediten durch Länder, Gemeinden und Gemeindeverbände sind für die Dauer der getroffenen Vereinbarungen auch für die Beschlußbehörden verbindlich.

§ 4.

Das Gesetz, betreffend ausländischen Kommunalkredit, vom 9. Juli 1925 (Gesetzsamml. S. 89) wird aufgehoben.

§ 5.

Die Minister des Innern und der Finanzen erlassen die zur Ausführung dieses Gesetzes erforderlichen Anordnungen.

§ 6.

Dieses Gesetz tritt mit seiner Verkündung in Kraft.

Beglaubigt:
Severing.

Begründung des Entwurfs.

Zu §§ 1 und 2.

Zwischen der Reichsregierung und den Regierungen sämtlicher deutschen Länder sind die anliegenden Richtlinien für das Schuldenwesen der Gemeinden vereinbart worden. Da diese Richtlinien kein unmittelbar geltendes Recht schaffen, bedürfen diejenigen Gegenstände der Vereinbarung, die im Verwaltungswege nicht geregelt werden können, einer besonderen gesetzlichen Regelung. Dies gilt für IV in Verbindung mit XII Abs. 2 der Richtlinien insoweit, als es sich um die Begründung einer Genehmigungspflicht für die Übernahme von Verpflichtungen aus Gewährverträgen oder anderen Sicherheiten durch Gemeinden und Gemeindeverbände handelt. Auch die Übernahme von Bürgschaften durch Stadtgemeinden bedarf nach geltendem Recht mit Ausnahme der Stadtgemeinden in der Provinz Hessen-Nassau (§ 56 der Städteordnung für die Provinz Hessen-Nassau) keiner Genehmigung der Aufsichtsbehörde. Ebenso bedürfen die Landgemeinden in den Provinzen Rheinland und Westfalen keiner Genehmigung für die Übernahme von Bürgschaften. Zweifel bestehen hinsichtlich der Landgemeinden im Geltungsbereich der östlichen Landgemeindeordnung, der Städte- und Landgemeindeordnung für Hessen-Nassau und der Hohenzollerischen Gemeindeordnung. Das Oberverwaltungsgericht hat sich in einer Entscheidung vom 7. Februar 1928 (Bd. 82 S. 108) auf den Standpunkt gestellt, daß eine genehmigungspflichtige neue Belastung immer dann vorliegt, wenn Verpflichtungen vom Verband übernommen werden sollen, die nicht schon vorhanden waren. „Eine solche Verpflichtung stellt auch eine Bürgschaft dar." Diese Entscheidung bezieht sich auf eine Landgemeinde im Geltungsbereich der östlichen Landgemeindeordnung. Sie wird aber auf Landgemeinden innerhalb des Geltungsbereichs der Städte- und Landgemeindeordnung für Hessen-Nassau und der Hohenzollerischen Gemeindeordnung entsprechende Anwendung zu finden haben, da die maßgeblichen Vorschriften dieser Gesetze dahin gleichlauten, daß zur neuen Belastung der Gemeindeangehörigen ohne gesetzliche Verpflichtung die Genehmigung der Beschlußbehörde erforderlich ist.

Anleihen der Gemeinden und Gemeindeverbände sind auch nach geltendem Recht bereits genehmigungspflichtig. Jedoch war der Begriff der Anleihe nicht unstreitig. Insbesondere hat das Reichsgericht in zwei Entscheidungen (IV. Senat vom 19. Dezember 1927 — nicht veröffentlicht — und II. Senat vom 26. Oktober 1928 — RGZ. Bd. 122 S. 176 —) zu dem Begriff des keiner Genehmigung unterliegenden Kassenkredits zwar grundsätzlich in gleicher Weise Stellung genommen, wie es in der von den Preußischen Ministern des Innern und der Finanzen (in dem Runderlaß vom 1. August 1925 — MBliV. S. 857 —) gegebenen Begriffsbestimmung in Anlehnung an das Gesetz, betr. ausländischen Kommunalkredit, vom 9. Juli 1925 — Gesetzsamml. S. 89 — geschehen ist. Jedoch hat das Reichsgericht den Begriff des Kassenkredits insoweit etwas erweitert, als es unter ihn auch solche kurzfristigen Schuldaufnahmen einbezieht, die in Ausführung eines genehmigten und zustande gekommenen Kreditgeschäfts erfolgen. Es erscheint daher die gesetzliche Begriffsbestimmung der Anleihe (des Darlehens) und des Kassenkredits oder Betriebskredits erforderlich. Kassen- und Betriebskredite sollen ebenso wie im Rahmen der laufenden Verwaltung abzuschließende, ihrer Natur nach regelmäßig wiederkehrende Geschäfte einer Genehmigung nur dann unterworfen werden, wenn es sich unmittelbar oder mittelbar um die Aufnahme von Auslandskrediten handelt.

Abs. 3 des § 1 bezweckt, Umgehungen der in den Abs. 1 und 2 enthaltenen Vorschriften unmöglich zu machen.

Die Vorschrift des § 2 dehnt den Geltungsbereich des § 1 auf kommunale Giroverbände oder kommunale Kreditinstitute insoweit aus, als diese für den öffentlichen Markt bestimmte Anleihen aufnehmen. Auszunehmen von dem Genehmigungszwang waren Pfandbriefanleihen öffentlich-rechtlicher Kreditanstalten.

Zu §§ 3 und 4.

In Preußen gilt bisher das Gesetz, betr. ausländischen Kommunalkredit, vom 9. Juli 1925 (Gesetzsamml. S. 89). Nach § 1 dieses Gesetzes bedürfen Gemeinden und Gemeindeverbände zur rechtswirksamen Aufnahme von ausländischem Kredit, soweit es sich nicht um Anleihen, sondern um die Aufnahme nur vorübergehender, aus ordentlichen Einnahmen zu deckender Kredite handelt, der Genehmigung, und zwar derjenigen der Aufsichtsbehörde. Dasselbe gilt nach Abs. 2 für Giroverbände einschließlich ihrer Bankanstalten, soweit die Auslandskredite an Länder, Gemeinden oder Gemeindeverbände gegeben werden sollen. Nach § 2 bedürfen die Gemeinden und Gemeindeverbände zur Übernahme von Bürgschaften und zur Bestellung von Sicherheiten für Auslandskredite, die von Dritten aufgenommen werden, der Genehmigung der Aufsichtsbehörde, soweit nicht bereits nach bisherigem Recht die Genehmigung einer anderen Stelle erforderlich ist. In § 3 wird bestimmt, daß die zwischen der Reichsregierung und den Ländern vereinbarten Richtlinien über die Aufnahme von Auslandskrediten durch Länder, Gemeinden und Gemeindeverbände für die Dauer dieses Abkommens auch für die Beschlußbehörden verbindlich sind.

Auch nach den Vereinbarungen der Reichsregierung mit den Regierungen der Länder sollen die in § 1 Abs. 2 Buchst. a des Gesetzentwurfs bezeichneten Kredite einer Genehmigung bedürfen, sofern es sich unmittelbar oder mittelbar um die Aufnahme von Auslandskrediten handelt. Eine Änderung soll nach dem Gesetzentwurf insofern eintreten, als nicht mehr die Genehmigung der Aufsichtsbehörde, sondern, wie in allen übrigen Fällen, die Genehmigung der Beschlußbehörde erfordert wird. Ferner ist die in Abs. 2 Buchstabe a des Gesetzentwurfs enthaltene Begriffsbestimmung der Kassenkredite (Betriebskredite) schärfer umrissen, als das bisher in § 1 Abs. 1 des Gesetzes, betr. ausländischen Kommunalkredit, der Fall ist. Neu aufgenommen sind ferner die in § 1 Abs. 2 Buchstabe b des Gesetzentwurfs näher bezeichneten Geschäfte. Die Vorschrift des § 2 findet sich, abgesehen von der Änderung der Genehmigungsbehörde, inhaltlich in § 1 Satz 1 des Gesetzentwurfs, so daß § 2 des Gesetzes, betr. ausländischen Kommunalkredit, gegenstandslos wird. Die Vorschriften der §§ 1 und 2 sind daher aufzuheben. Die in § 3 enthaltene Bindung der Beschlußbehörden an die zwischen der Reichsregierung und den Ländern vereinbarten Richtlinien über die Aufnahme von Auslandskrediten ist sachlich unentbehrlich. Um die ohnehin komplizierten Vorschriften über die gemeindliche Kreditgebarung nach Möglichkeit übersichtlich zu gestalten, ist die Vorschrift des § 3 in § 3 des Gesetzentwurfs übernommen und in § 4 des Gesetzentwurfs die Aufhebung des Gesetzes, betr. ausländischen Kommunalkredit, vorgesehen.

Anlage F.

Gesetz über die Aufnahme von Anleihen und Darlehen sowie über die Übernahme von Bürgschaften und Verpflichtungen aus Gewährverträgen und von anderen Sicherheiten durch Gemeinden und Gemeindeverbände. Vom 29. Mai 1931.

Der Landtag hat folgendes Gesetz beschlossen:

§ 1.

(1) Gemeinden und Gemeindeverbände bedürfen zur rechtswirksamen Aufnahme von Anleihen und Darlehen, zur rechtswirksamen Übernahme von Bürgschaften und Verpflichtungen aus Gewährverträgen und zur rechtswirksamen Bestellung anderer Sicherheiten der vorherigen Genehmigung durch die nach den Gemeindeverfassungsgesetzen und dem Zuständigkeitsgesetze für die Genehmigung der Aufnahme von Anleihen der Gemeinden und Gemeindeverbände zuständigen Behörden. Als Anleihe oder Darlehen im Sinne dieses Gesetzes ist die Aufnahme jeder Art von Kredit anzusehen.

(2) Der Genehmigung bedürfen nicht:

a) vorübergehende aus ordentlichen Einnahmen des laufenden Haushaltsjahrs oder sonst innerhalb von neun Monaten aus ordentlichen Einnahmen zu deckende Kredite (Kassenkredite, Betriebskredite),

b) im Rahmen der laufenden Verwaltung abzuschließende, ihrer Natur nach regelmäßig wiederkehrende Geschäfte,

sofern es sich nicht unmittelbar oder mittelbar um die Aufnahme von Auslandskrediten handelt.

(3) Der Genehmigung unterliegen auch Rechtsgeschäfte, mit denen durch Mißbrauch von Formen und Gestaltungsmöglichkeiten des Rechtes die Genehmigung umgangen werden soll.

§ 2.

Soweit kommunale Giroverbände oder kommunale Kreditinstitute für den öffentlichen Markt bestimmte Anleihen aufnehmen, sind diese Anleihen gemäß § 1 genehmigungspflichtig. Zuständig für die Erteilung der Genehmigung ist, soweit in den Satzungen nichts anderes bestimmt ist, die Aufsichtsbehörde. Dies gilt nicht für Pfandbriefanleihen öffentlich-rechtlicher Kreditanstalten (Gesetz über die Pfandbriefe und verwandten Schuldverschreibungen öffentlich-rechtlicher Kreditanstalten vom 27. Dezember 1927 — Reichsgesetzbl. I S. 492 —).

§ 3.

Die zwischen der Reichsregierung und den Ländern vereinbarten Richtlinien für das Schuldenwesen der Gemeinden vom 3. Dezember 1930 und über die Aufnahme von Auslandskrediten durch Länder, Gemeinden und Gemeindeverbände vom 21. Oktober 1927 sind für die Dauer der getroffenen Vereinbarungen auch für die Beschlußbehörden verbindlich.

§ 4.

Das Gesetz, betreffend ausländischen Kommunalkredit, vom 9. Juli 1925 (Gesetzsamml. S. 89) wird aufgehoben.

§ 5.

Die Minister des Innern und der Finanzen erlassen die zur Ausführung dieses Gesetzes erforderlichen Anordnungen.

§ 6.

Dieses Gesetz tritt mit seiner Verkündung in Kraft.
Es tritt am 31. März 1933 außer Kraft.

Das vorstehende, vom Landtage beschlossene Gesetz wird hiermit verkündet. Die verfassungsmäßigen Rechte des Staatsrats sind gewahrt.

Berlin den 29. Mai 1931.

(Siegel.) Das Preußische Staatsministerium.
Braun. Severing.

Anlage G.

Ausf.-Anw. zu dem Ges. über die Aufnahme von Anleihen und Darlehen sowie die Übernahme von Bürgschaften und Verpflichtungen aus Gewährverträgen und von anderen Sicherheiten durch Gemeinden und Gemeindeverbände v. 29. 5. 1931 (GS. S. 73).

RdErl. d. MdJ. u. d. FM. v. 17. 6. 1931 — IV a I 503 u. I E Nr. 1936 c*).

Das im Verfolg der Richtlinien für das Schuldenwesen der Gemeinden v. 3. 12. 1930 (MBliV. 1931 S. 117)[1]) und in Erfüllung der in dieser Vereinbarung von der Staatsregierung übernommenen Verpflichtung ergangene Gesetz enthält die unter A 2 des RdErl. d. MdJ. u. d. FM. v. 5. 2. 1931 (MBliV. S. 111)[1]) angekündigte Angleichung des Preußischen Rechts an IV der Richtlinien. Unter Erweiterung des staatlichen Genehmigungsrechts wird ein einheitlicher Rechtszustand für alle Gemeinden und Gemeindeverbände in dieser Hinsicht geschaffen.

A. **Erweiterung gegenüber dem jetzigen Rechtszustand.**

1. Das Gesetz gilt für alle Gemeinden und Gemeindeverbände. Es gilt insbesondere auch für die nach Rezessen verwalteten Städte in Neuvorpommern und Rügen, für die bisher eine Genehmigung zur Aufnahme von Anleihen und zur Übernahme von Bürgschaften und sonstigen Verpflichtungen nicht bestand.

Gemeindeverbände im Sinne dieses Gesetzes sind auch Zweckverbände und die nach der Rechtsprechung des Oberverwaltungsgerichts (OVG. Bd. 64 S. 120) als Gemeindeverbände anzusehenden Gesamtschulverbände. Für diese wird also eine kommunalaufsichtliche Genehmigung zum Abschluß der im § 1 des Gesetzes bezeichneten Geschäfte eingeführt, die die schulaufsichtliche Genehmigung zur Aufnahme von Anleihen nicht berührt.

Auch der Siedlungsverband Ruhrkohlenbezirk fällt unter die Vorschriften dieses Gesetzes.

2. Der Kreis der genehmigungspflichtigen Geschäfte wird erweitert.

B. **Genehmigungspflichtige und nichtgenehmigungspflichtige Geschäfte.**

I. Genehmigungspflichtig sind

a) die Aufnahme von Krediten jeder Art mit Ausnahme inländischer Kassenkredite in der gegenüber der Rechtsprechung des Reichsgerichts verengten Auslegung (§ 1 Abs. 2a);

Im Gegensatz zu den bisherigen Vorschriften der Gemeindeverfassungsgesetze (z. B. § 50 der Städteordnung, § 114 der Landgemeindeordnung,

---

*) Sonderabdrucke dieses RdErl. nebst Anlage können bei umgehender Bestellung von Carl Heymanns Verlag, Berlin W 8, Mauerstraße 44, bezogen werden. Sammelbestellungen erwünscht.

§ 176 der Kreisordnung, § 119 der Provinzialordnung für die östlichen Provinzen) ist es ohne Bedeutung, ob durch die Kreditaufnahme eine Belastung mit einem Schuldenbestande oder eine Vergrößerung des vorhandenen Schuldenstandes eintritt. Also auch die bisher als solche nichtgenehmigungspflichtige Verlängerung eines kurzfristigen Kredits oder die Abstoßung eines kurzfristigen Kredits durch Aufnahme eines anderen kurzfristigen Kredits in gleicher Höhe bei einem anderen Geldgeber (nichtveröffentl. RdErl. v. 7. 5. 1930 — IV a I 307) ist nunmehr der Genehmigung unterworfen.

b) die Übernahme von Bürgschaften, Verpflichtungen aus Gewährverträgen und die Bestellung anderer Sicherheiten;

Der Unterschied zwischen Bürgschaft und Gewährvertrag ist unter A 2 des RdErl. v. 5. 2. 1931 (MBliV. S. 111)[1]) erörtert.

Unter „anderen Sicherheiten" ist die Übernahme von Garantien, die nicht Bürgschaften oder Gewährverträge sind, zu verstehen, und zwar das Eingehen einer solchen Verpflichtung für Dritte, nicht auch zur Sicherung einer eigenen Anleihe einer Gemeinde oder eines Gemeindeverbandes. Praktische Beispiele für „andere Sicherheiten" sind: Aval (Wechselbürgschaft), Ausbietungsgarantie.

Die Übernahme von Bürgschaften zugunsten der Privatwirtschaft, insbesondere zur Sicherung industrieller Beleihungen von Hypothekarkreditinstituten, gehört grundsätzlich nicht zu dem Aufgabenkreis der Gemeinden und Gemeindeverbände. Der Genehmigung von Bürgschaften zur Förderung des Wohnungsbaus stehen nur dann Bedenken nicht entgegen, wenn die bürgenden Gemeinden (Gemeindeverbände) über Bürgschaftssicherungsfonds (RdErl. d. MfV. u. d. FM. v. 23. 2. 1931, VMBl. S. 201 ff., und Ziff. 9 des RdErl. v. 5. 3. 1927, VMBl. S. 346) in entsprechender Höhe verfügen (vgl. nicht veröffentl. RdErl. v. 13. 3. 1928 — IV a I 741 II 27). Die zusätzliche Sicherung erststelliger Hypotheken für Zwecke des Wohnungsbaus ist mit dem Wesen des Pfandbriefgeschäfts nicht vereinbar und erschwert die Finanzierung der Neubautätigkeit. Die Genehmigung hierzu ist daher grundsätzlich nicht zu erteilen.

Die Beschlußbehörden werden ersucht, diese Gesichtspunkte bei der Genehmigung von Bürgschaften zu beachten. Was für die Bürgschaften gilt, muß entsprechend auch für Gewährverträge und die Bestellung anderer Sicherheiten Geltung beanspruchen.

c) Umgehungsgeschäfte;

Das Gesetz hat lediglich den in IV Abs. 3 Satz 1 der Richtlinien für das Schuldenwesen der Gemeinden (MBliV. 1931 S. 117)[1]) enthaltenen materiellen Rechtssatz übernommen. Dadurch, daß nicht auch, wie in dem Gesetzentwurf vorgesehen, die Sätze 2 und 3 aus IV Abs. 3 der Richtlinien für das Schuldenwesen der Gemeinden, die nur die Bedeutung einer beispielgebenden Erläuterung des Begriffs „Umgehungsgeschäfte" haben, in das Gesetz übernommen worden sind, kann nicht geschlossen werden, daß die dort aufgeführten Beispiele nichtgenehmigungspflichtig seien. Vielmehr sind Satz 2 und 3 aaO. für die Auslegung des § 1 Abs. 3 dieses Gesetzes maßgebend.

Typische Umgehungsgeschäfte sind: Die Errichtung und außergewöhnliche Instandsetzung dauernder Anlagen, z. B. von Gas- und Elektrizitätswerken, Straßen unter Kreditierung des geschuldeten Betrags durch Dienst- oder Werkvertrag; die Kreditierung des geschuldeten Betrages durch einen Darlehensvertrag ist kein Umgehungsgeschäft, sondern eine Anleihe im Sinne des § 1 Abs. 1. Aus der Charakterisierung dieser Art von Geschäften als Umgehungsgeschäfte kann und soll nicht der Schluß gezogen werden, daß allein aus der Tatsache der Umgehung heraus Bedenken gegen die Erteilung der Genehmigung hergeleitet werden können. Auf A 3 des RdErl. v. 5. 2. 1931 (MBliV. S. 111)[1]) wird verwiesen.

d) die Aufnahme von Kassenkrediten im Ausland;

Der Begriff des Auslandskredits ist in III 2 des RdErl. v. 27. 1. 1925 (MBliV. S. 134) und in A II 2 der Richtlinien über die Aufnahme von Auslandskrediten (MBliV. 1931 S. 121)[1]) erläutert.

e) der Abschluß von Geschäften im Rahmen der laufenden Verwaltung, die ihrer Natur nach regelmäßig wiederkehren, sofern es sich unmittelbar oder mittelbar um die Aufnahme von Auslandskrediten handelt.

II. Nichtgenehmigungspflichtig sind

a) die Aufnahme von Kassenkrediten im Inland;

Die nunmehr gesetzlich festgelegte Begriffsbestimmung des Kassenkredits entspricht im wesentlichen der des RdErl. v. 1. 8. 1925 (MBliV. S. 857) und ist damit enger als die in der Rechtsprechung des Reichsgerichts erfolgte Umschreibung des Kassenkredits (RGZ. Bd. 122 S. 176, nichtveröffentl. RdErl. v. 7. 5. 1930 — IV a I 307).

b) der Abschluß von regelmäßig wiederkehrenden Geschäften im Rahmen der laufenden Verwaltung, sofern es sich nicht um die Aufnahme von Auslandskredit handelt.

Unter den Begriff der laufenden Geschäfte fallen einmal die unter Kreditierung des Kaufpreises getätigten Beschaffungsgeschäfte für die laufende Verwaltung. Es fallen ferner hierunter die Übernahme von Bürgschaften und von nach § 1 Abs. 1 der Genehmigung unterworfenen Verpflichtungen zugunsten Dritter, insbesondere auch der in Privatrechtsform betriebenen Werke und Anstalten, soweit es sich um regelmäßig wiederkehrende Geschäfte der laufenden Verwaltung handelt.

Typische Beispiele für derartige Geschäfte sind: Die Beschaffung von Heizmaterial und Bürobedarf jeder Art, des laufenden Bedarfs für Straßenunterhaltung, Ausrüstung und Betrieb von Krankenhäusern und Heil- und Pflegeanstalten, Bürgschaft oder sonstige Sicherheit für gestundete Kaufpreise von Kohlen zum Betrieb von Gas- und Elektrizitätswerken.

C. Rechtsnatur der Genehmigung.

Die Genehmigung ist notwendig zum rechtswirksamen Abschluß der im § 1 Abs. 1 und 3 bezeichneten Geschäfte. Die gleiche Formulierung fand sich bereits in dem durch § 4 aufgehobenen Gesetz, betr. ausländischen Kommunalkredit, v. 9. 7. 1925 (GS. S. 89) und entspricht dem bisherigen Rechtszustande und der ständigen Rechtsprechung des Reichsgerichts (RGZ.

Bd. 115 S. 311, Bd. 122 S. 176), wonach die Genehmigung — soweit sie erforderlich — wesentlicher Bestandteil zum rechtswirksamen Zustandekommen des Rechtsgeschäfts ist. Die nach dem Gesetz „vorherige" Genehmigung soll nicht vorsorglich erteilt werden (vgl. IV 3 des RdErl. v. 14. 2. 1930, MBliV. S. 115)[1]).

D. Verhältnis zu den Vorschriften der Gemeindeverfassungsgesetze.

Vorschriften der Gemeindeverfassungsgesetze, die mit denen des § 1 Abs. 1 inhaltlich übereinstimmen, sind ungültig geworden. Dagegen sind Vorschriften, die eine über den § 1 hinausgehende Genehmigungspflicht enthalten, in Kraft geblieben. Das gilt insbesondere für die nach verschiedenen Gemeindeverfassungsgesetzen genehmigungspflichtige „neue Belastung ohne gesetzliche Verpflichtung", die, sofern sie nicht ein nach § 1 genehmigungspflichtiges Rechtsgeschäft darstellt, nach wie vor genehmigungspflichtig bleibt. Nach der Rechtsprechung des Oberverwaltungsgerichts liegt eine „neue Belastung" immer dann vor, wenn Verpflichtungen übernommen werden, die nicht schon vorhanden waren, wobei unerheblich ist, ob die Mittel zur Deckung der Belastung sich in der Kasse befinden oder durch Anleihe beschafft werden müssen (OVG. Bd. 79 S. 8 und Bd. 82 S. 108).

E. Zur Erteilung der Genehmigung zuständige Behörden.

Der Satz 1 im Abs. 1 des § 1 enthält in seiner ersten Hälfte den materiellen Rechtssatz, daß der dort bestimmte Kreis von Geschäften der Genehmigung unterworfen ist, in seiner zweiten Hälfte die Vorschriften über die zur Erteilung der Genehmigung zuständigen Stellen. Zuständig sind hiernach die nach den Gemeindeverfassungsgesetzen und dem Zuständigkeitsgesetz bisher für die Genehmigung der Aufnahme von Anleihen von Gemeinden und Gemeindeverbänden berufenen Behörden, und zwar folgende:

Der Kreisausschuß: für Landgemeinden, Ämter, Zweckverbände und Gesamtschulverbände, soweit eine Stadtgemeinde nicht beteiligt ist;

der Bezirksausschuß: für Landkreise, Stadtgemeinden, Zweckverbände und Gesamtschulverbände, soweit eine Stadtgemeinde beteiligt ist;

der Oberpräsident der Provinz Brandenburg und von Berlin: für die Stadtgemeinde Berlin.

Der Minister des Innern bzw. die Minister des Innern und der Finanzen: für Provinzen (Bezirksverbände, Landeskommunalverband Hohenzollern).

Die Minister des Innern, der Finanzen und der Minister für Volkswohlfahrt: für den Siedlungsverband Ruhrkohlenbezirk.

[F. Giroverbände und kommunale Kreditinstitute.

In Verfolg des letzten Absatzes der Nr. IV der Richtlinien für das Schuldenwesen der Gemeinden (MBliV. 1931 S. 117)[1]) ist für kommunale Giroverbände und kommunale Kreditinstitute eine aufsichtliche Genehmigung für die Aufnahme solcher Anleihen vorgeschrieben worden, die für den öffentlichen Markt bestimmt sind und der Deckung des kommunalen Kreditbedarfs dienen. Für den öffentlichen Markt bestimmt sind in der Regel Inhaberschuldverschreibungen, Schuldscheinanleihen dann, wenn sie nach Art des Angebots, der Aufmachung und der Stückelung von einem unbegrenzten Personenkreis übernommen werden sollen. Zuständig für die Erteilung der Genehmigung ist die Aufsichtsbehörde erster Instanz. Die Genehmigung zur Ausgabe von Inhaberschuldverschreibungen nach § 795 BGB. ist außerdem erforderlich.

Die Aufrechterhaltung der Vorschrift des § 1 Abs. 2 des durch § 4 dieses Gesetzes aufgehobenen Gesetzes, betr. ausländischen Kommunalkredit, v. 9. 7. 1925 (GS. S. 89) war nicht erforderlich, da die Aufnahme von Kassenkredit im technischen Sinne für kommunale Kreditinstitute begrifflich ausgeschlossen ist.

Für die Aufnahme von nicht für den öffentlichen Markt bestimmten Schuldscheinanleihen und für den Abschluß sonstiger Geschäfte im Sinne des § 1 — gleichgültig, ob es sich um Anleihen oder sonstige Geschäfte im In- oder Auslande handelt — sind die Giroverbände und kommunalen Kreditinstitute nach wie vor einer Genehmigung nicht unterworfen, es sei denn, daß die Satzungen eine solche vorsehen. Auch die Aufnahme von nicht für den öffentlichen Markt bestimmten Schuldscheinanleihen im Auslande ist danach nicht genehmigungspflichtig. Zu beachten bleibt indessen, daß die Aufnahme von Auslandskrediten jeder Art, also auch von Schuldscheinanleihen, durch kommunale Giroverbände und Kreditinstitute mit Rücksicht auf die regelmäßig wirksam werdende Bürgschaft von Gemeinden und Gemeindeverbänden nach A II 3 der Richtlinien über die Aufnahme von Auslandskrediten (MBliV. 1931 S. 121)[1]) beratungspflichtig ist, und zwar auch dann, wenn der Erlös nicht dem Kommunalkredit, sondern dem Hypothekarkredit zugeführt werden soll (RdErl. v. 4. 5. 1928, MBliV. S. 501)[1]). Zu beachten bleibt ferner, daß die Weiterleitung von im Ausland auf Schuldschein beschafften Mitteln an Gemeinden und Gemeindeverbände, sei es auch in Reichswährung, für diese die mittelbare Beschaffung von Auslandskredit bedeutet und als solche, auch wenn es sich um Kassenkredite handelt, genehmigungspflichtig und den Richtlinien über die Aufnahme von Auslandskrediten unterworfen ist.

G. Verbindlichkeit der Richtlinien.

Die mit RdErl. v. 5. 2. 1931 (MBliV. S. 111)[1]) veröffentlichten Richtlinien für das Schuldenwesen der Gemeinden v. 3. 12. 1930 und über die Aufnahme von Auslandskrediten v. 21. 10. 1927 sind für die Dauer ihrer Gültigkeit nicht nur für die Aufsichtsbehörden, sondern kraft der in § 3 getroffenen Vorschrift auch für die Beschlußbehörden mit Gesetzeskraft verbindlich. Die Beschlußbehörden sind also gesetzlich verpflichtet, die Richtlinien sowohl in sachlicher als auch in formaler Beziehung einzuhalten. In formaler Beziehung sind die Beschlußbehörden insbesondere gemäß VII Abs. 3 der Richtlinien für das Schuldenwesen der Gemeinden verpflichtet, für den öffentlichen Markt bestimmte Anleihen, die von dem zentralen Kreditausschuß nicht befürwortet sind oder gegen deren Befürwortung der Vertreter des Reichsministers der Finanzen Widerspruch erhoben hat, nicht zu genehmigen, bevor ein Benehmen mit dem Reichsminister der Finanzen stattgefunden hat. Praktische Bedeutung wird diese Verpflichtung gewinnen bei Schuldscheinanleihen, die für den öffentlichen Markt bestimmt sind (vgl. F Abs. 1), zu deren Genehmigung die Beschlußbehörden zuständig sind. Sollte eine Beschlußbehörde entgegen dem Gutachten des zentralen Kreditausschusses oder dem Widerspruch des Reichsministers der Finanzen eine solche Anleihe genehmigen wollen, so ist dem Minister des Innern zwecks Herbeiführung des Benehmens mit dem Reichsminister der Finanzen zu berichten.

Beschlüsse der Beschlußbehörden, die die kraft Gesetzes für verbindlich erklärten Richtlinien verletzen, sind gesetzwidrig und daher von den Vorsitzenden mit der Beschwerde und — falls sie endgültig sind — mit der Anfechtungsklage anzufechten (§ 123 und § 126 LVG.).

H. Aufhebung des Gesetzes, betr. ausländischen Kommunalkredit.

Die in § 4 erfolgte Aufhebung des Gesetzes, betr. ausländischen Kommunalkredit, v. 9. 7. 1925 (GS. S. 89) erfolgte, da es durch § 1 dieses Gesetzes ungültig geworden ist. Die Genehmigung der in diesem Gesetz bezeichneten Geschäfte (Kassenkredit im Auslande, Bürgschaften für Auslandskredite) erfolgt nicht mehr durch die Aufsichtsbehörde, sondern nach § 1 Abs. 1 durch die zur Aufnahme von Anleihen allgemein zuständigen Behörden, in der Regel also die Beschlußbehörden.

J. In- und Außerkrafttreten des Gesetzes.

Das Gesetz ist mit dem Tage seiner Verkündung, also am 3. 6. 1931, in Kraft getreten. Seine Gültigkeit ist befristet auf den Zeitpunkt, zu dem die Richtlinien für das Schuldenwesen der Gemeinden und über die Aufnahme von Auslandskrediten außer Kraft getreten. Für den Fall der Verlängerung dieser Richtlinien ist mit einer Verlängerung auch dieses Gesetzes zu rechnen.

K. Verfahren, kommunale Kreditausschüsse.

I. Anleihen.

a) Inlandsanleihen.

Die in VIff. der Richtlinien für das Schuldenwesen der Gemeinden vorgesehenen zentralen Kreditausschüsse sind bei allen kommunalen Spitzen- und Fachverbänden, ausgenommen beim Deutschen Landgemeindetag, wo die Einrichtung eines zentralen Kreditausschusses vorläufig nicht erforderlich erschien, gebildet. Soweit Preußen in Frage kommt, haben sich sämtliche Mitglieder dieser Verbände den zentralen Kreditausschüssen angeschlossen (VII Abs. 4 der Richtlinien). Es bestehen folgende zentrale Kreditausschüsse:

1. Kreditausschuß beim Deutschen Städtetag,
2. Kreditausschuß beim Reichsstädtebund,
3. Kreditausschuß beim Verband der preußischen Provinzen,
4. Kreditausschuß beim Deutschen Landkreistag,
5. Kreditausschuß bei der Deutschen Girozentrale,
6. Prüfungsausschuß des Deutschen Sparkassen- und Giroverbandes und des Verbandes deutscher öffentlich-rechtlicher Kreditanstalten.

Diese Kreditausschüsse, an deren Beratungen gem. VII Abs. 1 der Richtlinien für das Schuldenwesen der Gemeinden Vertreter der Reichsregierung, des Reichsbankdirektoriums und der Landeszentralbehörde teilnehmen, sind allein zuständig für die Begutachtung von Inlandsanleihen, die für den öffentlichen Markt bestimmt sind. Die Beibringung des befürwortenden Gutachtens des zentralen Kreditausschusses bedeutet die im Benehmen mit den Reichs- und Landeszentralbehörden getroffene Feststellung, daß dem Antrage mit Rücksicht auf eine pflegliche Behandlung des Geld- und Kapitalmarkts oder aus finanz- oder währungspolitischen Gründen Bedenken nicht entgegenstehen. Im übrigen bleibt den Genehmigungsbehörden die selbstverantwortliche Prüfung des Antrages, insbesondere auch seiner Dringlichkeit (B Abs. 2 des RdErl. v. 5. 2. 1931, MBliV. S. 111)[1]). Gegenüber einem ablehnenden Gutachten dieser Ausschüsse kann eine Genehmigung nicht stattfinden, bevor ein Benehmen mit dem Reichsminister der Finanzen stattgefunden hat (vgl. G).

Die Zuständigkeit der im RdErl. v. 14. 2. 1930 (MBliV. S. 115)[1]) vorgesehenen kommunalen Kreditausschüsse bleibt im übrigen unberührt mit der Maßgabe, daß auch die nunmehr einer kommunalaufsichtlichen Genehmigung unterliegenden Anleihevorhaben von Gesamtschulverbänden von diesen Kreditausschüssen zu begutachten sind.

b) Auslandsanleihen.

Das für die Aufnahme von Auslandsanleihen bisher maßgebliche Verfahren hat durch den nur die Schuldenaufnahme im Inlande betreffenden Abschnitt B der Richtlinien für das Schuldenwesen der Gemeinden keine Änderung erfahren.

Anträge auf Genehmigung von Auslandsanleihen jeder Art sind daher, wie bisher, zunächst von den im RdErl. v. 14. 2. 1930 bezeichneten kommunalen Kreditausschüssen zu begutachten, soweit es sich um den Verwendungszweck und die Dringlichkeit der Anleiheaufnahme handelt. Falls die Genehmigungsbehörden von den Kreditausschüssen befürwortete Anträge dieser Art, die nach B der Richtlinien über die Aufnahme von Auslandskrediten, insbesondere hinsichtlich der Höchstbelastung der Anleihe (vgl. nichtveröffentl. RdErl. v. 3. 2. 1927 — IV a I 50) nicht unbedenklich sind, genehmigen wollen, ist, wie bisher (vgl. IV des RdErl. v. 27. 1. 1925, MBliV. S. 134)[1]), die Beschlußfassung auszusetzen und dem Minister des Innern von der Aufsichtsbehörde auf dem Dienstwege unter Beifügung einer Stellungnahme der Beschlußbehörde zu berichten.

Das außer dem über den Verwendungszweck und die Dringlichkeit zu erstattende Gutachten des zuständigen kommunalen Kreditausschusses erforderliche Gutachten der Beratungsstelle über die Anleihebedingungen wird von dem Minister des Innern im Einvernehmen mit dem Finanzminister eingeholt.

---

[1]) Sonderabdrucke können von Carl Heymanns Verlag, Berlin W 8, Mauerstr. 44, bezogen werden.

II. Sonstige genehmigungspflichtige Geschäfte.

a) Im Inland.

Seitens der kommunalen Spitzenverbände ist eine Ausdehnung der Zuständigkeit der kommunalen Kreditausschüsse auf die sonst nach dem Gesetz genehmigungspflichtigen Geschäfte (vgl. B I) bisher nicht erfolgt. Anträge von Gemeinden und Gemeindeverbänden auf Genehmigung solcher Geschäfte sind daher ohne Vorlage eines Gutachtens zur Beschlußfassung zu bringen.

b) Im Ausland.

Gemäß A II 3 der Richtlinien über die Aufnahme von Auslandskrediten sind die übrigen genehmigungspflichtigen Geschäfte, soweit es sich unmittelbar oder mittelbar um die Aufnahme von Auslandskrediten handelt oder Bürgschaften und sonstige Sicherheiten zugunsten ausländischer Verpflichtungen bestellt werden, der Beratungsstelle für Auslandskredite vorzulegen. In diesen Fällen ist unter Aussetzung der Beschlußfassung durch die Aufsichtsbehörde an den Minister des Innern unter Beifügung einer Stellungnahme der Beschlußbehörde zu berichten.

An die Ober- und Reg.-Präs., Verbandspräs. des Siedlungsverbandes Ruhrkohlenbezirk, Landräte, Gemeinden, Gemeindeverbände, Zweckverbände und Gesamtschulverbände. — MBliV. S. 617.

Anlage H.

Geschäftsordnung der Beratungsstelle.

1. Die Beratungsstelle tritt auf Einladung des Vorsitzenden oder seines Stellvertreters zusammen. Die Einladung hat die Tagesordnung für die Sitzung zu enthalten. Die Unterlagen für die Anleihe- und Kreditvorhaben, die zur Beratung kommen, sind beizufügen.

2. In den Sitzungen der Beratungsstelle führt der vom Reichsminister der Finanzen bestellte Sachverständige oder dessen Vertreter den Vorsitz. In dem nach Lit. D Abs. II der Richtlinien über die Aufnahme von Auslandskrediten vorgesehenen nochmaligen Beratungen führt der Reichsminister der Finanzen oder sein (jeweils ständiger) Vertreter den Vorsitz.

Die Beratungsstelle ist, soweit es sich um die Begutachtung von Anleihen- und Kreditvorhaben handelt, nur bei voller Besetzung beschlußfähig. Eine Ausnahme kann mit gemeinsamer Zustimmung des Vertreters des das Gutachten einholenden Landes oder des Vorsitzenden zugelassen werden.

An den Sitzungen, die sich mit allgemeinen Fragen beschäftigen, nehmen nur die ständigen Mitglieder der Beratungsstelle teil. Das gleiche gilt für die Beschlußfassung, durch die aus wirtschafts- und währungspolitischen Gründen auch die Beratung der verhältnismäßig unbedenklichen Auslandskredite für erforderlich erklärt wird (Lit. B Abs. I der Richtlinien über die Aufnahme von Auslandskrediten) und für die Festsetzung der Höchstsätze für die Belastung durch den Kredit (Lit. D Abs. 4 a. a. O.). Ständige Mitglieder sind die unter Lit. D Abs. 1 Nr. 1—5 a. a. O. genannten Sachverständigen und im Falle deren Behinderung ihre dauernd bestellten Vertreter, sowie die beiden von den kommunalen (Reichs-) Spitzenverbänden und (Reichs-) Fachverbänden gemeinsam bestellten Finanzsachverständigen. Die kommunalen Finanzsachverständigen wirken bei der Beratung allgemeiner Fragen mit, soweit diese auch die Gemeinden usw. betreffen.

Der Antrag auf Befürwortung eines Anleihe- oder Kreditvorhabens eines Landes gilt als angenommen, wenn die Mehrheit für den Antrag stimmt. Der Antrag auf Befürwortung eines Anleihe- oder Kreditvorhabens einer Gemeinde usw. gilt als angenommen, sofern nicht mindestens drei Mitglieder gegen den Antrag stimmen. Der Antrag auf Nichtbefürwortung gilt sowohl bei dem Vorhaben eines Landes als auch bei dem einer Gemeinde usw. als angenommen, wenn mehr als zwei Mitglieder für den Antrag stimmen. Für alle übrigen Entschließungen der Beratungsstelle, mit Ausnahme der Geschäftsordnungsfragen, bedarf es ohne Unterscheidung, ob es sich um Anleihe- oder Kreditvorhaben von Ländern oder Gemeinden usw. handelt, der Stimmenmehrheit. In Geschäftsordnungsfragen gibt bei Stimmengleichheit die Stimme des Vorsitzenden den Ausschlag.

Die Sitzungen sind nicht öffentlich.

3. Die Geschäfte der Beratungsstelle werden vom Reichsfinanzministerium geführt.

Die Geschäftsführung unterzieht die der Beratungsstelle zur Begutachtung vorgelegten Anleihevorhaben einer vorbereitenden Prüfung; sie sorgt nötigenfalls für die Ergänzung der vorgelegten Unterlagen und der Stellungnahme des das Gutachten einholenden Landes gemäß Nr. IX Ziffer 1 der Richtlinien für das Schuldenwesen der Gemeinden, Ziffer 3b der Erklärungen der Regierungen der Länder oder Lit. C Abs. 2 Satz 2 der Richtlinien über die Aufnahme von Auslandskrediten. Soweit es erforderlich und zweckmäßig erscheint, führt sie mit den Kreditsuchenden Vorverhandlungen. Sie setzt die Sitzungen der Beratungsstelle so rechtzeitig an, daß ein Antrag binnen zwei Wochen nach Eingang des Antrages und seiner Unterlagen und, falls sich eine Ergänzung der vorgelegten Unterlagen für die Beurteilung des Anleihe- oder Kreditvorhabens als nötig erwiesen hat, binnen zwei Wochen nach Eingang der nachgeforderten Unterlagen erledigt werden kann.

Die an der Geschäftsführung beteiligten Referenten des Reichsfinanzministeriums erstatten in den Sitzungen der Beratungsstelle über das Ergebnis der Vorprüfung und bei den nochmaligen Beratungen über das Ergebnis der ersten Beratung mündlich Bericht; sie sind berechtigt, an der Aussprache teilzunehmen.

4. Die Beratungsstelle wird in geeigneten Fällen Spezialsachverständige und Vertreter der Kreditsuchenden zu ihren Beratungen hinzuziehen. Darüber, ob und inwieweit diese zu hören sind, entscheidet die Beratungsstelle.

5. Das Reichsfinanzministerium teilt der Regierung des Landes, die das Gutachten eingeholt hat, das Ergebnis der Beschlußfassung, sofort nachdem dieses endgültig feststeht, schriftlich mit. Mit dieser Mitteilung kann das die Stellungnahme der Beratungsstelle (im einzelnen) darlegende Gutachten verbunden werden. Wird ein besonderes Gutachten erstattet, so wird dieses durch den Vorsitzenden und ein anderes von der Beratungsstelle beauf-

tragtes Mitglied unterzeichnet. Die Zustellung dieses Gutachtens an die Regierung des Landes, die das Gutachten eingeholt hat, erfolgt durch das Reichsfinanzministerium.

Anlage J.

Kommunalanleihen.

RdErl. d. MdJ. u. d. FM. v. 27. 1. 1925 — IV a I 72 II. Ang. u. I E 1. 363 II. Ang.[1])

I. Gemeinsame Grundsätze für alle Anleihen (Inlands- und Auslandskredite).

1. Die Verhältnisse auf dem inländischen und ausländischen Anleihemarkt sind derart, daß die Gemeinden und Gemeindeverbände sowie die kommunalen Kreditorganisationen sich die äußerste Zurückhaltung hinsichtlich der Aufnahme von Anleihen auferlegen müssen. Im Augenblick nicht unbedingt erforderliche Ausgaben, deren Deckung anders als außerplanmäßig nicht möglich ist, müssen zurückgestellt werden, so wünschenswert und zweckmäßig der Verwendungszweck an und für sich auch sein mag. Dies gilt besonders für Auslandsanleihen (zu vgl. III 6 dieses Erl.).

2. Anleihen dürfen ausnahmslos nur für eigene Zwecke des Ausgebers aufgenommen werden. Die Aufnahme von Kredit zwecks Weitergabe an Dritte, insbesondere an die Privatwirtschaft, ist unzulässig. Die Vermittlung von Kredit an sie ist grundsätzlich keine Aufgabe der Gemeinden und Gemeindeverbände.

Vorstehender Grundsatz gilt naturgemäß nicht für die kommunalen Kreditorganisationen (Landesbanken, provinzielle Giroverbände, Deutschen Sparkassen- und Giroverband), zu deren Aufgaben die Vermittlung von kommunalem Kredit an einzelne Gemeinden und Gemeindeverbände gehört.

3. Jede Spezialverpfändung bei Aufnahme von Anleihen ist ausnahmslos unzulässig. Eine solche bedeutet nicht nur eine nicht zu rechtfertigende Bevorzugung nur eines Teiles der kommunalen Gläubiger, sondern widerspricht auch der in der Friedenszeit erprobten Tatsache, daß der Kredit der Gemeinden und Gemeindeverbände auf ihrer gesamten Vermögens- und Einkommenslage, insbesondere auf ihrer Steuerhoheit beruht und daß allein auf dieser Grundlage die Deckung des legitimen Bedarfs auch praktisch möglich ist.

Soweit einzelne Stellen, die bisher als kommunale Geldgeber in Betracht kamen, auf der Bedingung der Bestellung spezieller Pfänder, insbesondere einer hypothekarischen Verpfändung von Grundstücken, auch weiterhin bestehen sollten, scheiden sie damit aus dem Kreise der kommunalen Geldgeber aus.

4. Verzinsung.

A. Bei Prüfung von Anleiheanträgen ist unter Verzinsung die effektive Verzinsung bei Berücksichtigung von Agio und Disagio sowie von etwaigen

[1]) Abdrucke sind bei umgehender Bestellung von Carl Heymanns Verlag, Berlin W 8, Mauerstr. 44, zu beziehen. Sammelbestellungen erwünscht.

Provisionen zu verstehen. Die Berechnung der effektiven Verzinsung hat in der Weise zu geschehen, daß sowohl die nominelle Verzinsung wie der Unterschiedsbetrag zwischen der erhaltenen Darlehnssumme (abzüglich Disagio, Provision usw.) und dem ausbedungenen Rückzahlungsbetrag zunächst in Prozenten der erhaltenen Darlehnssumme ausgedrückt werden.

Sodann ist im Wege der Rentenrechnung festzustellen, welche jährliche Rente unter Berücksichtigung von Zins und Zinseszins erforderlich ist, um am Fälligkeitstermin den oben genannten in Prozenten der Darlehnssumme ausgedrückten Unterschiedsbetrag aufzubringen.

Die Summe des in Prozenten der Darlehnssumme ausgedrückten nominellen Zinssatzes und der errechneten Jahresrente stellen die effektive Gesamtverzinsung dar.

B. Bei Provision und Spesen ist darauf zu achten, daß die Bankunkosten nicht ungebührlich hoch in Ansatz gebracht werden, wenn auch zu berücksichtigen bleibt, daß die Bankspesen zur Zeit höher sind als in der Vorkriegszeit.

C. Angesichts der Höhe des augenblicklichen Zinsfußes liegt es im eigenen Interesse der Gemeinden, daß sie sich die vorzeitige Kündigung des Darlehns vorbehalten. Die Erfahrungen der letzten Zeit zeigen, daß ein solcher Vorbehalt dann unschwer durchzusetzen ist, wenn ein Agio oder Disagio ausbedungen ist, da in einem solchen Falle die Rückzahlung des Kapitals vor dem Fälligkeitstermin für den Gläubiger einen Gewinn bedeutet.

5. Gemeinden, denen es nicht gelingt, Anleihen zu den in diesem Erlaß enthaltenen Bedingungen aufzunehmen, werden grundsätzlich hieraus nicht den Anspruch auf Bewilligung von Ausnahmen herleiten dürfen. Die Bedingungen verfolgen den Zweck, einen einheitlichen, für die Gesamtheit der Gemeinden und Gemeindeverbände möglichst günstigen Anleihetyp zu schaffen und zu erhalten. Die Genehmigung von ungünstigeren Bedingungen in wiederholten Einzelfällen müßte diesen Zweck vereiteln. Die Unmöglichkeit, eine Anleihe zu den zugelassenen Bedingungen erhalten zu können, wird vielmehr im allgemeinen beweisen, daß die betreffende Gemeinde nicht genügend kreditkräftig ist, um an den Anleihemarkt mit Erfolg selbständig herantreten zu können. Sie wird daher hieraus die gegebene Folgerung zu ziehen haben und die Deckung ihres Kreditbedarfs nicht unmittelbar auf dem Anleihemarkt, sondern bei den in Betracht kommenden kommunalen Kreditorganisationen suchen müssen.

6. In den letzten Monaten hat den Gemeinden und Gemeindeverbänden auf dem Anleihemarkt mehr als alles andere ein rücksichtsloser gegenseitiger Wettbewerb geschadet, der insbesondere dadurch verschärfte Formen angenommen hat, daß unverantwortliche und ungeeignete Agenten die augenblickliche Kreditlage zu eigennützigen Zwecken auszubeuten versucht haben; insbesondere wird das kommunale Ansehen auf dem ausländischen Anleihemarkt durch derartige Vorgänge schwer gefährdet. Wenn auch erwartet werden kann, daß die neuen Anleihebedingungen dazu beitragen werden, derartigen Vermittlern von vornherein das Handwerk zu erschweren, so muß doch nochmals ausdrücklich an die Gemeinden und Gemeindeverbände die Mahnung ergehen, sich als Vermittler nur vollständig einwandfreier und

anerkannter Stellen zu bedienen. Als solche werden in der Regel nur bekannte Bankfirmen in Betracht kommen. Hierbei soll nicht unerwähnt bleiben, daß zwischen den Gemeinden und inländischen Bankanstalten der unmittelbare Verkehr das Gegebene ist, und daß die befremdliche Erscheinung, daß sich Gemeinden auch zu diesem Zweck berufsmäßige Vermittler nehmen, geeignet ist, ihr Ansehen zu schwächen und die Nebenkosten unnötig zu vergrößern.

II. Inlandsanleihen.

1. Für die inländischen Anleihen der Gemeinden und Gemeindeverbände bedarf der RdErl. vom 9. Januar 1924 (MBliV. S. 46) wesentlicher Änderungen, nachdem mit dem Inkrafttreten des Münzgesetzes die Reichsmark als inländische Währung gesetzlich festgelegt ist.

A. Grundsätzlich sind alle inländischen Anleihen nur auf Reichsmark zu stellen. Eine Verpflichtung zur Zahlung von Kapital oder Zinsen in effektiver Auslandsvaluta und auch die Hinzufügung einer Umrechnungsklausel, durch welche die Reichsmark in ein bestimmtes Verhältnis zu einer ausländischen Währung gesetzt wird, sind ausnahmslos untersagt. Die Stellung auf Goldmark muß ebenfalls grundsätzlich als unnötig und im Interesse der Festigung des Ansehens der neuen Reichswährung auch als unerwünscht angesehen werden. Sie hatte ihre Berechtigung nur solange, als auch wesentliche Einnahmen der Gemeinden auf Goldmark gestellt waren. Unter diesen Umständen werden daher Goldmarkanleihen nur noch ausnahmsweise als Übergangsmaßnahme zugelassen werden können, wenn die Notwendigkeit einer solchen Ausnahme im Einzelfalle besonders nachgewiesen wird.

B. Aus denselben Gründen wird ein Bedürfnis für die Ausgabe von Sachwertanleihen nicht mehr anerkannt werden können; sie sind daher grundsätzlich nicht mehr zuzulassen. Ausnahmen kommen nur in ganz besonders begründeten Einzelfällen in Betracht, in denen die Deckung durch Einnahme in Sachwerten der gleichen Art gewährleistet ist.

2. Die Notwendigkeit zu einer unter 100 RM. hinabgehenden Stückelung wird grundsätzlich nicht mehr anzuerkennen sein.

3. Der Höchstsatz für die Verzinsung inländischer Anleihen läßt sich im Augenblick noch nicht fest normieren. Schon jetzt aber muß dringend davor gewarnt werden, Einzelvorteile zum Schaden der Gesamtheit zu erstreben. Eine günstige Entwicklung auf dem Kreditmarkt darf nicht dadurch gehindert werden, daß in Einzelfällen höhere Zinssätze bewilligt werden, als allgemein üblich sind. Bei Schuldscheinanleihen wird der Zinssatz gegebenenfalls etwas höher sein können, als bei Inhaberschuldverschreibungen.

4. Der im Augenblick noch bestehende grundsätzliche Unterschied zwischen Inlands- und Auslandsanleihen macht es erforderlich, daß die Ausgabe von Inlandsanleihen streng auf das Inland beschränkt bleibt. Aus diesem Grunde muß der Inhalt der Genehmigungsurkunde selbst mit Bestimmtheit erkennen lassen, daß die Anleihe nur als inländische Anleihe genehmigt wird. Dies hat in der Weise zu geschehen, daß die Genehmigung erteilt wird für „eine im Inlande aufzulegende Anleihe". Dementsprechend hat das

Muster für die Schuldverschreibung (Anl. 1 des RdErl. v. 9. 1. 1924) wie folgt zu lauten: „Die Stadt-, Landgemeinde, der Kreis-, der Provinzialverband . . . . schuldet dem Inhaber dieser im Inlande begebenen Schuldverschreibung . . . ."

Die Beschränkung der Anleihe auf die Auflegung im Inland ist unter die im Reichsanzeiger zu veröffentlichenden Bestimmungen aufzunehmen.

III. Auslandsanleihen.

Für die Aufnahme von Auslandskredit sind maßgebend die zwischen der Reichsregierung und den Regierungen sämtlicher deutschen Länder vereinbarten Richtlinien über die Aufnahme von Auslandskrediten durch Länder, Gemeinden und Gemeindeverbände, die auf S. 131 des Ministerialblatts für die innere Verwaltung veröffentlicht worden sind. Durch die Richtlinien ist der RdErl. v. 11. 10. 1924 (MBliV. S. 988), der den Anstoß zu dieser allgemeinen Regelung gegeben hat, gegenstandslos geworden. Zur Erläuterung ist folgendes zu bemerken:

1. Der Kreis der öffentlichen Körperschaften, auf die sich die Richtlinien erstrecken, soweit es sich um kommunalen Kredit handelt:

a) Die Richtlinien gelten für Auslandskredite sämtlicher Gemeinden und Gemeindeverbände.

b) Sie gelten ferner für Auslandskredite des Deutschen Sparkassen- und Giro-Verbandes sowie der übrigen kommunalen Giroverbände — auch soweit sie nicht Gemeindeverbände sind — einschließlich ihrer Bankanstalten, ferner für Auslandskredite der Landesbanken und sonstiger Kreditinstitute, deren besondere Aufgabe die Befriedigung des kommunalen Kreditbedarfs oder die Pflege des Hypothekarkredits ist.

Die unter b genannten Körperschaften unterliegen aber den Richtlinien nur insoweit, als sie den Kredit an Länder, Gemeinden oder Gemeindeverbände weitergeben wollen.

2. Begriff des Auslandskredits. Als Auslandskredit gilt jeder von den unter 1. bezeichneten Körperschaften unmittelbar aufgenommene oder für sie mittelbar durch öffentlich-rechtliche oder private Geldanstalten oder in anderer Weise beschaffte Auslandskredit. Da hiernach ein mittelbarer Auslandskredit auch dann vorliegen kann, wenn das von der Gemeinde oder dem Gemeindeverband erhaltene Darlehen nicht unmittelbar dem Auslande geschuldet wird, so ist der Begriff des Auslandskredits nicht allein nach der Person des unmittelbaren Geldgebers zu bestimmen, sondern darüber hinaus nach dem Merkmal, das zur Zeit für die Aufnahme von ausländischem Kredit schlechthin wesentlich ist, d. h. der Verpflichtung zur Rückzahlung und Verzinsung des Kapitals in effektiver ausländischer Valuta oder zwar in Reichswährung, aber nach einem bestimmten Umrechnungsverhältnis zu einer ausländischen Währung.

Jeder Kredit, der solcherart direkt oder indirekt auf ausländische Valuta gestellt ist, ist daher Auslandskredit im Sinne der Richtlinien.

3. Begriff des Kredits. Als Kredit gelten nicht nur Anleihen im engeren Sinne, sondern auch die sogenannten vorübergehenden Kredite. Zur Klar-

stellung ist es erforderlich, darauf hinzuweisen, daß für den Unterschied nicht, wie vielfach irrtümlich angenommen wird, allein die Kurzfristigkeit des Kredits entscheidend ist, sondern daß als vorübergehender Kredit nur derjenige anerkannt werden kann, der als vorübergehender Ersatz für an sich feststehende, im Augenblick aber noch nicht fällige ordentliche Einnahmen aufgenommen und durch eben diese Einnahmen abgedeckt wird. Voraussetzung für einen vorübergehenden Kredit ist also namentlich, daß die feststehenden ordentlichen Einnahmen bis zu dem Fälligkeitstermin des Kredits eingehen.

Solche vorübergehende Kredite sind nach geltendem preußischem Recht nicht genehmigungspflichtig; sie fallen aber, soweit es sich um Auslandskredit handelt, unter die zur Zeit noch geltende VO. des Reichspräs. v. 1. 11. 1924 (RGBl. I S. 726). Nach E der Richtlinien sind die Länder verpflichtet, erforderlichenfalls die Landesgesetzgebung soweit zu ergänzen, als dies zur Durchführung der Richtlinien erforderlich ist. Die Preußische Staatsregierung hat dem Landtag, nachdem der Staatsrat sich bereits zustimmend geäußert hat, eine entsprechende Vorlage gemacht, so daß erwartet werden kann, daß mit Ablauf der Geltungsdauer der VO. des Reichspräs. die Genehmigung auch eines nur vorübergehenden Auslandskredits nach preußischem Landesrecht erforderlich sein wird.

4. Außer auf Auslandskredite finden die Richtlinien auch Anwendung auf Bürgschaften und Sicherheiten, die zugunsten Dritter von Gemeinden und Gemeindeverbänden für Auslandskredite bestellt werden.

Auch in dieser Hinsicht ist die erforderliche Ergänzung des preußischen Landesrechts bereits in die Wege geleitet worden.

Beide Ergänzungen sind naturgemäß nur vorübergehender Art und gelten, wie nochmals hervorgehoben werden soll, nur für Auslandskredit.

5. Verwendungszweck. Die Auslandskredite müssen unmittelbar produktiven Zwecken dienen, d. h. nur solchen werbenden Anlagen, die durch unmittelbare Erzeugung von Werten die Verzinsung und Rückzahlung des investierten Kapitals aus eigenen Einnahmen gewährleisten, ohne daß sonstige Einnahmen in Anspruch genommen zu werden brauchen. Diese Beschränkung auf die produktiven Zwecke im engsten Sinne entspricht dem bereits im RdErl. v. 11. 10. 1924 unter II 2 (MBliV. S. 988) aufgestellten Grundsatze.

6. Selbst wenn der Verwendungszweck hiernach nicht beanstandet werden kann, muß die Aufnahme ausländischen Kredits von der weiteren Voraussetzung abhängig gemacht werden, daß die Ausgabe im Augenblick unbedingt notwendig ist und nicht bis zu einem Zeitpunkt zurückgestellt werden kann, in dem das Kreditbedürfnis in anderer Weise als durch Inanspruchnahme des ausländischen Marktes gedeckt werden kann (zu vgl. I 1 dieses Erlasses).

7. Die effektive Verzinsung (zu vgl. I 4 dieses Erlasses) darf bei Auslandskrediten einen Maximalsatz nicht übersteigen, den die Beratungsstelle (D der Richtlinien) festzusetzen hat. Es kann schon jetzt mitgeteilt werden, daß der nominelle Zinssatz in der Regel 7 v. H. nicht übersteigen darf. Der Höchstsatz für die effektive Verzinsung wird noch bekannt gegeben werden.

8. Der Kredit muß in Form einer langfristigen, d. h. auf mindestens zehn Jahre abgeschlossenen Anleihe aufgenommen werden, bei der jedoch die Kündigung für den Schuldner spätestens nach 5 Jahren vorzubehalten ist.

9. Alle Auslandskredite, die den vorstehenden Bedingungen nicht entsprechen, können nur in dem besonderen Verfahren gemäß C der Richtlinien genehmigt werden. Wir wollen aber schon jetzt darauf hinweisen, daß wir Anträge, die den Normalbedingungen nicht entsprechen, nur in besonderen Ausnahmefällen der Beratungsstelle vorlegen und ganz besondere Zurückhaltung namentlich dann üben werden, wenn der Höchstsatz der Verzinsung überschritten werden soll.

10. Um einer in manchen Kreisen vertretenen irrtümlichen Auffassung entgegenzutreten, sei an dieser Stelle darauf hingewiesen, daß den Reparationsorganen ein Mitbestimmungsrecht an deutschen im Auslande aufzunehmenden Krediten oder Anleihen nicht zusteht und daß insbesondere eine Genehmigung des Reparationsagenten für die Ausführung von Devisen zum Zwecke der Verzinsung oder Rückzahlung von ausländischen Krediten nicht in Frage kommt.

IV.

Soweit die Genehmigung kommunalen Kredits für Gemeinden, Gemeindeverbände und sonstige öffentliche Körperschaften anderen Stellen als uns zusteht, machen wir darauf aufmerksam, daß die genaue Innehaltung der Bestimmungen dieses RdErl. und insbesondere der Richtlinien über die Aufnahme von Auslandskrediten unbedingt geboten ist. Die Grundsätze und Richtlinien sind nicht willkürlich aufgestellt, sondern das Ergebnis längerer Beratungen der zuständigen Reichs- und Landesbehörden, wobei die für Währungs- und Kreditfragen in Betracht kommenden Sachverständigen eingehend gehört worden sind. Es würde dem Zweck dieser Regelung, die den Schutz wichtigster allgemeiner Interessen zum Ziele hat, widersprechen, wenn einzelne Stellen sich für befugt halten würden, im Einzelfalle besondere örtliche Verhältnisse über das allgemeine Interesse zu stellen.

Die Oberpräs., Reg.-Präs. und Landräte weisen wir hiermit ausdrücklich an, ihrerseits keine Anträge zu genehmigen, die den von uns aufgestellten Grundsätzen und den Richtlinien nicht entsprechen.

Von den Beschlußbehörden erwarten wir als selbstverständlich, daß auch sie die Notwendigkeit lückenloser Einheitlichkeit in der Behandlung von Kreditanträgen anerkennen und ungeachtet ihrer selbständigen Stellung bei ihrer Beschlußfassung die Grundsätze und Richtlinien befolgen.

Sollte trotzdem im Einzelfalle eine Beschlußbehörde eine den vorstehenden Bedingungen nicht entsprechende Anleihe genehmigen, so werden die Oberpräs., Reg.-Präs. und Landräte hiermit angewiesen, von der ihnen als Vorsitzenden gegebenen Befugnis (§§ 123, 126 LVG.)[1]) Gebrauch zu machen.

Über Anträge auf Genehmigung von Auslandskrediten, die den Richtlinien nicht entsprechen, nach Ansicht der für die Genehmigung zuständigen Stelle aber aus besonderen Ausnahmegründen trotzdem nicht abgelehnt

---

[1]) GS. 1883 S. 195.

werden sollten, ist die Beschlußfassung auszusetzen und mir, dem Minister des Innern, von der Aufsichtsbehörde auf dem Dienstwege zu berichten.

Eine Genehmigung solcher Anträge ohne Anhörung der Beratungsstelle würde der vom Lande Preußen übernommenen Verpflichtung zuwiderlaufen. Das Gutachten der Beratungsstelle herbeizuführen, behalten wir uns für jeden Fall vor.

An die Ober- u. Reg.-Präs., Landräte u. Kommunalverwalt. — MBliV. S. 134.

Anlage J.

Vorübergehende und kurzfristige Kredite der Gemeinden und Gemeindeverbände.

RdErl. d. MdJ. u. d. FM. v. 1. 8. 1925 — IV a I 491 u. I E 1. 3593.

Die augenblicklich bestehende Schwierigkeit, selbst für die dringlichsten Aufgaben langfristigen Kredit zu erhalten, darf nicht dazu verführen, sich in einer die Liquidität gefährdenden Weise an Stelle langfristigen Kredits mit kurzfristigem Kredit zu behelfen. Wir sehen uns daher veranlaßt, auf einige an sich selbstverständliche Grundsätze einer gesunden Finanzgebarung hinzuweisen, deren Beachtung im Augenblick von besonderer Bedeutung ist.

1. „Vorübergehender" Kredit: Die Begriffsbestimmung der sog. vorübergehenden Kredite ist bereits unter III 3 des RdErl. v. 27. 1. 1925 (MBliV. S. 131), neuerdings auch durch § 1 Abs. 1 des Gesetzes vom 9. 7. 1925 (GS. S. 89) klargestellt.

a) Der vorübergehende Kredit ist lediglich ein kassentechnischer Notbehelf, der vorübergehenden Ersatz für noch nicht fällige ordentliche Einnahmen schaffen soll, um die durch sie zu deckenden Ausgaben rechtzeitig leisten zu können, niemals aber dazu mißbraucht werden darf, um die Einnahmen über das planmäßig bestimmte Maß hinaus zu erhöhen. Aus dieser gegebenen Beziehung des vorübergehenden Kredits zu den ordentlichen Einnahmen folgt zwingend, daß vorübergehende Kredite nur aufgenommen werden dürfen zur Bestreitung laufender ordentlicher Ausgaben. Für Zwecke, die nur aus außerplanmäßigen Mitteln zu bestreiten sind, kann die Aufnahme vorübergehenden Kredites schon rein begrifflich überhaupt nicht in Betracht kommen. Es ist daher insbesondere völlig unzulässig, wenn Gemeinden oder Gemeindeverbände für Zwecke, deren Finanzierung erst durch eine in Zukunft aufzunehmende Anleihe erfolgen soll, „vorübergehenden" Kredit aufnehmen.

Wir weisen die Gemeinden und Gemeindeverbände, die Kommunalaufsichtsbehörden und diejenigen Stellen, denen ihre Versorgung mit Kommunalkredit obliegt, auf diese Rechtslage und insbesondere darauf hin, daß ein Kredit, der hiernach nicht als vorübergehender Kredit anzusehen ist, der Genehmigung gemäß den Gemeindeverfassungsgesetzen bedarf und daß der Abschluß eines Kreditvertrages ohne die erforderliche Genehmigung rechtlich wirkungslos ist.

b) Dem Wesen des vorübergehenden Kredits als eines kassentechnischen Notbehelfs entspricht es ferner, daß sein Maß lediglich durch die Kassenlage bestimmt wird und daher in einem natürlichen Verhältnis zum Umfang des Kassengeschäfts der einzelnen Gemeinde stehen muß. Hieraus wird ein äußeres Merkzeichen für die Höhe des unbedenklich als „vorübergehend" anzusprechenden Kreditbedarfs gewonnen werden können, das bei laufenden Bankkrediten auch dem Kreditgeber den nötigen Anhalt geben kann.

2. „Kurzfristiger" Kredit. a) Jeder Kredit, der nicht „vorübergehender Kredit" im Sinne von 1. ist, ist eine Anleihe, durch die der Schuldenbestand vergrößert wird (§ 50 Nr. 3 der östl. Städteordnung), gleichgültig, ob er langfristig oder kurzfristig ist. Er bedarf in allen Fällen der Genehmigung nach Maßgabe der Gemeindeverfassungsgesetze.

b) Ob eine Anleihe langfristig oder kurzfristig aufzunehmen ist, bestimmt sich lediglich nach den wirtschaftlichen Grundsätzen einer ordnungsmäßigen Finanzwirtschaft.

Normalerweise wird der Rückzahlungstermin bedingt sein durch die Möglichkeit, bis dahin die Schuld durch Kapitalsrückzahlung oder durch laufende Tilgung abzutragen. Je stärker die Tilgungsmöglichkeit ist (insbesondere also bei Krediten für werbende Zwecke), um so kürzer wird die Laufzeit des Kredits bemessen werden können.

Bei der Verwendung für nicht werbende Anlagen, bei denen die für eine kurzfristige Tilgung erforderlichen Mehrerträge nicht herausgewirtschaftet werden können, die Tilgung sich also in normaler Höhe — wegen der Mindestsätze zu vgl. RdErl. v. 1. 6. 1891 u. 23. 8. 1907 (MBliV. 1891 S. 84 u. 1907 S. 261) — hält, wird daher in der Regel nur langfristiger Kredit in Betracht kommen können. Angesichts der augenblicklichen Schwierigkeit, langfristigen Kommunalkredit zu erhalten, werden aber von dieser Regel unter Umständen Ausnahmen zugelassen werden können, wenn es sich um die Erfüllung ganz unaufschiebbarer Aufgaben handelt. Auch in solchen Fällen aber darf die Aufgabe, so dringend sie sein mag, nicht auf Kosten der Liquidität der Gemeinde ausgeführt werden. Soll daher ausnahmsweise für solche langfristigen Zwecke kurzfristiger Kredit aufgenommen werden, so wird die Genehmigung davon abhängen müssen, daß insbesondere die Höhe des Kredits und seine Laufzeit so bemessen sind, daß eine Gefahr für die Liquidität der Gemeinde bei Fälligkeit ausgeschlossen ist.

Mit diesen Maßgaben wird, ebenso wie der Geldgeber im eigenen Interesse, die Genehmigungsbehörde im allgemeinen Interesse und im wohlverstandenen Interesse der Gemeinden selbst zu prüfen haben, ob die Rückzahlungsbedingungen dem Verwendungszweck und der Rückzahlungsmöglichkeit entsprechen. Es ist notwendig, daß die Genehmigungsbehörde die Genehmigung nicht nur auf den Verwendungszweck, sondern auch auf die Rückzahlungsbedingungen erstreckt, d. h. entweder den laufenden Tilgungssatz oder den Termin der Kapitalsrückzahlung festsetzt, wobei grundsätzlich der frühestzulässige Termin, gegebenenfalls auch der spätestzulässige Termin zu nennen ist. Falls ein nur kurzfristig genehmigter Kredit durch eine langfristige Anleihe abgelöst werden soll, wird für diese eine neue Genehmigung einzuholen und mit veränderten Tilgungsbedingungen zu erteilen sein, soweit es sich nicht lediglich um die Prolongation des Kredits durch denselben Gläubiger handelt.

Die Kommunalaufsichtsbehörden und die Genehmigungsbehörden werden ersucht, mit besonderer Sorgfalt darüber zu wachen, daß nach Maßgabe der vorstehenden Richtlinien

1. genehmigungspflichtige kurzfristige Anleihen nicht unter mißbräuchlicher Bezeichnung als „vorübergehender" Kredit ohne Genehmigung aufgenommen werden,

2. Anleihen, die dem Verwendungszweck nach nur langfristig sein können, nicht kurzfristig aufgenommen werden.

An die Kommunalaufsichtsbehörden, Gemeinden, Gemeindeverbände, Landesbanken u. Giroverbände. — MBliV. S. 857.

Anlage K.

Angelegenheiten der Kommunalverbände.

Kurzfristige Verschuldung der Gemeinden, kommunale Kreditausschüsse.

RdErl. d. MdJ. u. d. FM. v. 14. 2. 1930 — IV a I 226 u. I E 404 c.[1])

Die Unmöglichkeit, langfristigen Inlands- oder Auslandskredit aufzunehmen, hat die kurzfristige Verschuldung der Gemeinden und Gemeindeverbände in den letzten beiden Jahren bedrohlich anwachsen lassen. Wenn früher die Aufnahme kurzfristiger Kredite und ihre Verwendung auch zu einmaligen außerordentlichen Ausgaben so lange unbedenklich erscheinen konnte, als es dem Schuldner im allgemeinen jederzeit möglich war, kurzfristigen Kredit in langfristigen umzuwandeln, muß, seitdem diese Möglichkeit aufgehört hat, unter dem Gesichtspunkt solider Finanzgebarung die kurzfristige Verschuldung mit ganz anderen Augen betrachtet werden. Diese Erkenntnis hat sich — ungeachtet der Mahnung des RdErl. v. 1. 8. 1925 (MBliV. S. 857) — nicht überall rechtzeitig durchgesetzt. Nachteile für die Finanzlage der einzelnen Gemeinde, den Kommunalkredit und den allgemeinen Kredit überhaupt, sind die Folgen gewesen.

Abhilfe ist nach zwei Richtungen erforderlich: Abdeckung des aufgenommenen kurzfristigen Kredits, ohne dadurch die ordentlichen Einnahmen — insbesondere die Steuern — übermäßig in Anspruch zu nehmen, und Vorsorge für die Zukunft dadurch, daß einer Zunahme der kurzfristigen Verschuldung entgegengetreten wird.

---

[1]) Sonderabdrucke dieses RdErl. sind bei umgehender Bestellung von Carl Heymanns Verlag, Berlin W 8, Mauerstraße 44, zu beziehen. Sammelbestellungen erwünscht.

Es ist außerordentlich zu begrüßen, daß die kommunalen Spitzenverbände sich zusammengefunden haben, um im Vertrauen auf die Solidarität, Selbstverantwortung und Selbstzucht ihrer Mitglieder nach beiden Richtungen hin die heilende und helfende Hand anzulegen.

Die Abdeckung kurzfristigen Kredits durch Umwandlung in langfristigen soll dadurch geschehen, daß der Einlagezuwachs der Sparkassen in verstärktem Maße den Girozentralen zugeführt wird, die diese Mittel zur Umschuldung kurzfristigen Kommunalkredits verwenden werden (vgl. den nichtveröffentlichten RdErl. v. 23. 12. 1929 — IV b 646 II).

Einer Zunahme der kurzfristigen Verschuldung für die Zukunft treten die kommunalen Spitzenverbände entgegen durch einen dringenden Appell an ihre Mitglieder, unter weitestgehender Beschränkung der Ausgabenwirtschaft die Aufnahme neuer kurzfristiger Verbindlichkeiten zu vermeiden.

Diese Mahnung in die Tat umzusetzen und ihre Befolgung zu überwachen, soll die Aufgabe besonderer kommunaler Kreditausschüsse sein. Diese Kreditausschüsse — beruhend auf der freien Initiative der Selbstverwaltung — sollen kommunale Kreditanträge vorprüfen und begutachten, ehe sie den staatlichen Genehmigungsbehörden vorgelegt werden. Die Selbstverwaltungsorganisation will damit den Staatsbehörden entlastend und beratend zur Seite treten und insbesondere verhindern, daß von ihr nicht als vordringlich anerkannte Anträge überhaupt zur Genehmigung vorgelegt werden.

I. Sachliche Zuständigkeit der Kreditausschüsse.

Die Kreditausschüsse haben zu begutachten:

1. Anträge von Gemeinden und Gemeindeverbänden auf Genehmigung kurzfristigen oder langfristigen Kommunalkredits mit Ausnahme der Umschuldungsdarlehen bei den Girozentralen (Landesbanken), deren Prüfung den bei diesen Bankanstalten bestehenden Stellen überlassen bleibt;

2. Anleihen der kommunalen Kreditinstitute (Deutsche Girozentrale, Provinzielle Girozentralen, Landesbanken, Provinzialbanken) und der Provinzen für Zwecke des Kommunalkredits.

II. Örtliche Zuständigkeit und Organisation der Kreditausschüsse.

A. Provinzielle Ausschüsse.

1. Kreditausschüsse.

Die provinziellen Organisationen der einzelnen kommunalen Spitzenverbände werden provinzielle Kreditausschüsse einrichten. Diese Ausschüsse sind — jeder für die Mitglieder der Organisation, die ihn einrichtet — zur Begutachtung von Anträgen auf Genehmigung von Schuldscheindarlehen bis zum Betrage von 5 Mill. RM. zuständig. Sie haben die einzelnen Anträge nach Dringlichkeit, Verwendungszweck usw. zu begutachten.

2. Gemeinschaftlicher Ausschuß der Spitzenverbände.

Neben diese kommunalen Kreditausschüsse tritt ein gemeinschaftlicher Ausschuß der an der Konsolidierungsaktion beteiligten provinziellen Organisationen der kommunalen Spitzenverbände, dem ein Vertreter der provinziellen Girozentrale (Landesbank) hinzutritt. Dieser Ausschuß ist berufen zur Erörterung der Marktlage, der Gesamtsumme und der Vordringlichkeit der Verwendungszwecke im allgemeinen, nicht der einzelnen Anträge.

Provinziellen Vereinbarungen bleibt es vorbehalten, die Kreditausschüsse und den gemeinschaftlichen Ausschuß zu einem Ausschuß zusammenzufassen.

B. Zentrale Ausschüsse.

1. Kreditausschuß beim Preußischen Städtetag.

Der Ausschuß besteht aus Vertretern der dem Städtetag angeschlossenen Städte und einem Vertreter der Deutschen Girozentrale. Dem Ausschluß liegt ob die Begutachtung von Anträgen der dem Städtetag angehörigen Städte auf Genehmigung zur Ausgabe von Inhaberschuldverschreibungen sowie zur Aufnahme von Schuldscheinanleihen in Höhe von 5 Mill. RM. und darüber.

2. Ausschuß der kommunalen Spitzenverbände.

Neben dem vorbezeichneten Kreditausschuß beim Preußischen Städtetag wird ein freier Ausschuß der an der Konsolidierungsaktion beteiligten kommunalen Spitzenverbände gebildet, dem ein Vertreter der Deutschen Girozentrale hinzutritt. Dieser Ausschuß tritt vor oder nach Begutachtung der Anträge auf Genehmigung von Schuldscheindarlehen in Höhe von 5 Mill. RM. und darüber zur Erörterung der Marktlage, der Gesamtsumme und der Vordringlichkeit von Verwendungszwecken im allgemeinen zusammen. Zur Begutachtung der Schuldscheinanleihen im einzelnen und der konkreten Anleihezwecke sowie zur Begutachtung von Inhaberanleihen ist er nicht zuständig.

3. Kreditausschuß bei der Deutschen Girozentrale.

Zur Begutachtung aller Sammelinhaberanleihen der Deutschen Girozentrale, auch soweit sie zur Konsolidierung kurzfristigen Kredits ausgegeben werden, tritt ein Kreditausschuß beim Deutschen Sparkassen- und Giroverband zusammen, in dem sämtliche kommunalen Spitzenverbände vertreten sind.

4. Prüfungsausschuß des Deutschen Sparkassen- und Giroverbandes und des Verbandes deutscher öffentlich-rechtlicher Kreditanstalten.

Dieser Ausschuß ist zuständig zur Begutachtung von Anträgen der Landesbanken, Provinzialbanken und provinziellen Girozentralen auf Genehmigung zur Ausgabe von Inhaberschuldverschreibungen für Zwecke des Kommunalkredits sowie zur Begutachtung von Anträgen der Provinzen auf Genehmigung der Aufnahme von Anleihen für Zwecke der Landesbanken (Provinzialbanken) zu demselben Zweck. Der Ausschuß setzt sich zusammen aus je 1 bis 2 Vertretern des Deutschen Sparkassen- und Giroverbandes und des Verbandes deutscher öffentlich-rechtlicher Kreditanstalten sowie einem Vertreter der Antragstellerin.

III. Verhältnis der Kreditausschüsse zu den Kommunalaufsichts- und Beschlußbehörden.

Von der Errichtung der zentralen Ausschüsse werden die beteiligten Organisationen den zuständigen Ministern Mitteilung machen. Die Oberpräs., Reg.-Präs. und Landräte erhalten von den provinziellen Organisationen der kommunalen Spitzenverbände Mitteilung über die Errichtung der provinziellen Ausschüsse. Die Oberpräs. werden hiermit ersucht, auf Antrag der kommunalen Spitzenverbände den Vorsitz in den gemeinschaftlichen Ausschüssen der Spitzenverbände zu übernehmen.

Die Einholung des Gutachtens des für sie zuständigen Ausschusses ist Sache der Gemeinde (des Gemeindeverbandes), die einen Antrag auf Genehmigung einer Anleihe stellt. Dem durch die Hand der Kommunalaufsichtsbehörde bei der Genehmigungsbehörde zu stellenden Antrag ist das Gutachten des zuständigen Kreditausschusses beizufügen. Die Vorsitzenden der Beschlußbehörden werden hiermit ersucht, Anträge, die ohne Gutachten eingehen, nicht zur Beschlußfassung zu bringen, sondern mit dem Ersuchen um Ergänzung zurückzugeben. Wir erwarten, daß die Aktion der kommunalen Spitzenorganisationen von den Genehmigungsbehörden ihrer Bedeutung entsprechend gewürdigt und unterstützt wird, daß insbesondere Anträge, die von den kommunalen Kreditausschüssen nicht befürwortet sind, sofern sie überhaupt zur Genehmigung vorgelegt werden, grundsätzlich nicht genehmigt werden. Sollte dies doch geschehen, so werden hiermit die Vorsitzenden der Beschlußbehörden ersucht, Offizialbeschwerde einzulegen und zu berichten. Auf der anderen Seite kann selbstverständlich auch ein befürwortendes Gutachten die Beschlußbehörden der selbstverantwortlichen Prüfung nicht entheben.

IV. Richtlinien der Ministerien für die Finanzgebarung.

Die Minister der Finanzen und des Innern richten gleichzeitig an Gemeinde-, Beschluß- und Aufsichtsbehörden den dringenden Appell, der im Eingang dieses Erlasses gekennzeichneten Lage durch entsprechende Finanzgebarung, ihre Überwachung und die Handhabung des Kreditgenehmigungsrechts Rechnung zu tragen. Die genaue Befolgung der Grundsätze des RdErl. v. 1. 8. 1925 (MBliV. S. 857) wird den Gemeinde- und Aufsichtsbehörden zur dringenden Pflicht gemacht. In Erweiterung dieses Runderlasses wird angeordnet:

1. Kurzfristige Kredite dürfen nur aufgenommen werden, wenn sie als solche genehmigt sind. Die Genehmigung einer langfristigen Anleihe berechtigt also nicht zur Aufnahme eines kurzfristigen Kredits für den gleichen Zweck.

Kurzfristige oder mittelfristige Kredite, die nicht durch jährliche Tilgung gedeckt werden, dürfen grundsätzlich nur aufgenommen und genehmigt werden, wenn die Rückzahlung bei Fälligkeit gesichert ist, sei es, daß die Umwandlung in einen langfristigen Kredit bis dahin sichergestellt ist, sei es, daß die Rückzahlung durch Ansammlung eines internen Tilgungsfonds gewährleistet wird. Da in jetziger Zeit die Aufnahme langfristiger Anleihen nahezu unmöglich ist, deshalb auch eine Sicherheit für die spätere Ablösung eines Kredits durch eine langfristige Anleihe nur in Ausnahmefällen als gegeben wird angenommen werden können, kommt der Ansammlung von Fonds für außerordentliche Ausgaben ganz besondere Bedeutung zu (vgl. RdErl. v. 9. 1. 1924, MBliV. S. 46 II Nr. 7 Abs. 3).

2. Kurzfristige Kredite dürfen der Beschlußfassung der zuständigen Gemeindeorgane und der Entscheidung der Genehmigungsbehörden nicht dadurch entzogen werden, daß sie unzulässigerweise als „vorübergehende" Kassenkredite behandelt werden. Die Kommunalaufsichtsbehörden sind auf Grund ihres Informationsrechts befugt, sich über die Kassenlage der Gemeinden und Gemeindeverbände, insbesondere über die Höhe der schwebenden Kassenkredite zu unterrichten, auch ohne daß hierzu der besondere Anlaß der Aufnahme eines neuen Kredits (vgl. RdErl. v. 4. 12. 1929, MBliV. S. 1041) gegeben ist. Eine Anordnung der Kommunalaufsichtsbehörde, daß von der Aufnahme jedes neuen Kassenkredits Anzeige zu erstatten ist, oder daß in Zeitabständen Nachweisungen über den Stand der schwebenden Kassenkredite vorgelegt werden, kann mit Rücksicht auf die augenblickliche Lage unter Umständen geboten sein. Aus dem Wesen des Kassenkredits, der lediglich als kassentechnischer Notbehelf vorübergehenden Ersatz für noch nicht fällige ordentliche Einnahmen schaffen soll, folgt, daß er nicht über einen geringen Bruchteil der zur Bestreitung der laufenden Ausgaben der Verwaltung bestimmten ordentlichen Einnahmen hinausgehen darf.

3. Vorsorglichen Anträgen auf grundsätzliche Genehmigung langfristiger Anleihen wird bis auf weiteres in der Regel nicht zu entsprechen sein. An einer solchen grundsätzlichen Genehmigung können auch die Gemeinden und Gemeindeverbände kein berechtigtes Interesse haben, da sie ohne ausdrückliche Genehmigung kurzfristige Kredite als Vorschuß auf eine solche grundsätzlich genehmigte langfristige Anleihe nicht aufnehmen können (vgl. Nr. 1). Anträgen auf Genehmigung langfristiger Anleihen wird, falls die Aufnahme der Anleihe sachlich geboten und dringend ist, vielmehr nur dann zu entsprechen sein, wenn mit Sicherheit damit zu rechnen ist, daß die Anleihe auch tatsächlich aufgenommen werden kann. Das wird in der Regel dann nicht der Fall sein, wenn der Geldgeber, die Anleihebedingungen und der Zeitpunkt der Auszahlung des Anleihebetrages noch nicht angegeben werden können.

Die leitenden Beamten der Gemeinden und Gemeindeverbände und die Finanzdezernenten werden persönlich dafür verantwortlich gemacht, daß

kurzfristige Kredite nur aufgenommen werden, wenn sie als solche genehmigt sind, insbesondere genehmigungspflichtige kurzfristige Kredite nicht unter der mißbräuchlichen Bezeichnung des „vorübergehenden" Kassenkredits aufgenommen werden,

Ausgaben auf Rechnung kurzfristiger oder langfristiger Anleihen aus anderen bereiten Mitteln nur geleistet werden, wenn die Genehmigung für die Anleihen erteilt und der Eingang der Anleihevaluta sichergestellt ist.

Diese Verantwortung kann ihnen von den Genehmigungsbehörden nicht abgenommen werden. Jedem Versuch, durch Schaffung vollendeter Tatsachen die Genehmigung eines sonst nicht zu genehmigenden Kredits zu erreichen, ist mit Entschiedenheit entgegenzutreten.

Kurzfristige Schulden und ungedeckte Fehlbeträge aus Vorjahren, die durch die von den kommunalen Spitzenverbänden eingeleitete Konsolidierungsaktion nicht abgedeckt werden können, werden allmählich durch Bereitstellung von Mitteln in den ordentlichen Haushaltsplan abzutragen sein. Die Mittel hierzu müssen durch sparsamste Ausgabenwirtschaft geschaffen werden. Soweit dies nicht möglich ist, wird auch eine Erhöhung der Einnahmen grundsätzlich nicht abgelehnt werden können, wenn anders die notwendige Liquidität in der Kasse nicht bewirkt werden kann.

An die Ober- und Reg.-Präs., Landräte, Gemeinden und Gemeindeverbände. — MBliV. S. 115.

Anlage L.

Verordnung des Reichspräsidenten über die Spar- und Girokassen sowie die kommunalen Giroverbände und kommunalen Kreditinstitute. Vom 5. August 1931.

§ 1.

(1) Die Reichsregierung ist ermächtigt, bei den öffentlichen oder dem öffentlichen Verkehr dienenden Spar- und Girokassen sowie bei den kommunalen Giroverbänden und kommunalen Kreditinstituten die zu einer zweckmäßigen Gestaltung der Organisation erforderlichen Maßnahmen zu treffen, insbesondere bestehende Satzungen zu ändern oder neue Satzungen einzuführen; sie kann zu diesem Zwecke insbesondere Einrichtungen und Anstalten aufheben, zusammenlegen und neubegründen.

(2) Die Reichsregierung kann die im Abs. 1 bezeichneten Befugnisse auf die obersten Landesbehörden übertragen.

§ 2.

Die im § 1 genannten Spar- und Girokassen, Giroverbände und Kreditinstitute sind bis auf weiteres zur Abgabe wechselmäßiger Erklärungen nach näherer Bestimmung der obersten Landesbehörde befugt; die Rechtswirksamkeit der Wechselverpflichtung ist von solchen Bestimmungen unabhängig.

§ 3.

Den im § 1 genannten Spar- und Girokassen, Giroverbänden und Kreditinstituten ist bis auf weiteres untersagt, Anleihen, Darlehen und Kassenkredite an Gemeinden, Gemeindeverbände und andere öffentlich-rechtliche Körperschaften und Anstalten unmittelbar oder mittelbar zu gewähren.

§ 4.

Die Vorschrift des § 2 tritt mit Wirkung vom 1. August 1931 in Kraft; die Verordnung tritt im übrigen mit ihrer Verkündung in Kraft.

Berlin, den 5. August 1931.

Der Reichspräsident
von Hindenburg

Der Reichskanzler
Dr. Brüning

Der Stellvertreter des Reichskanzlers und Reichsminister der Finanzen
H. Dietrich

Der Reichsminister des Innern
Dr. Wirth

Der Reichswirtschaftsminister
Mit Wahrnehmung der Geschäfte beauftragt:
Dr. Trendelenburg
Staatssekretär

Alphabetisches Sachregister.

(Die Zahlen bedeuten die Seiten.)

FSC
www.fsc.org
MIX
Papier | Fördert
gute Waldnutzung
FSC® C083411

Kolibri 360 GmbH
Ferdinand-Jühlke-Straße 7
99095 Erfurt, Deutschland
produktsicherheit@kolibri360.de